Einmachen ohne
Schnickschnack

EDITION XXL

Inhalt

Vorwort

Gern erinnere ich mich an meine Kindheit zurück, wenn ich bei meiner Großmutter war. Sie hatte einen Garten hinter dem Haus, in dem sie liebevoll Obst und Gemüse anbaute. In der Zeit nach dem Krieg war das sehr wichtig!

Es gab dort herrlich duftende Erdbeeren und natürlich stand da auch ein Kirschbaum. In der Ecke neben dem Hühnerhaus waren Brombeeren, Himbeeren und Stachelbeeren, deren Zweige – wie der Name schon sagt – auch heftig gepikst haben.

Den riesigen Zwetschgenbaum mit den saftigen Früchten liebte ich ganz besonders. Bevor diese alle in einem riesigen Kessel in der Waschküche zu Zwetschgenmus verkocht wurden, gab es sonntags noch herrlich duftenden Zwetschgenkuchen. Nur die Haut der Zwetschgen, die sich beim Kochen der Marmelade zu Röllchen formte, mochte ich gar nicht!

Zuckersüße Erbsen, Stangenbohnen, Karotten oder Rotkohl – alles wurde gehegt und gepflegt und dann in Gläsern eingekocht. Ich sehe noch heute den prall gefüllten Vorratsschrank vor mir. Fein säuberlich in Reih und Glied stand alles für den langen Winter bereit. Auch die Essiggurken, die es dann abends zum Wurstbrot gab, durften nicht fehlen.

Im Keller gab es zwei große „Kacheln" – so nannten wir die tönernen Töpfe –, die mit fein geschnittenem Weißkraut und Rotkohl gefüllt waren. Es war ein Erlebnis, wenn die „Kraut-Marie" mit ihrem großen Hobel kam und die Krautköpfe fein hobelte. Erlebnisse, die man nie vergisst …

Die Frauen waren damals stolz auf ihre Vorratshaltung. Es waren alles natürliche Produkte und man wusste genau, was man isst.

Heute widmet man sich aus verschiedenen Gründen wieder mehr dem Thema Einkochen. So sind zum Beispiel keine unbekannten Zusatzstoffe enthalten, die Unverträglichkeiten oder Allergien hervorrufen. Auch muss man, wenn man die Früchte einkocht, nichts wegwerfen. Und es gibt keinen Verpackungsmüll, die Gläser werden immer wieder verwendet.

Was es beim Einkochen von Obst und Gemüse zu beachten gilt, erfahren Sie im Ratgeber und in den Rezepten, die ich für Sie zusammengestellt habe.

Ich wünsche Ihnen gutes Gelingen!
Ihre Elisabeth Bangert

Ratgeber

Gläser

Zur Aufbewahrung des Gargutes verwendet man Twist-Off-Gläser, Einmachgläser oder Bügelgläser. Twist-Off-Gläser haben einen Schraubverschluss, Einmachgläser und Bügelgläser einen Gummiring.

Rillen- oder Massivrandgläser wurden hauptsächlich früher verwendet. Heute gibt es Rundrandgläser, die gut zum Einkochen geeignet sind. Sie haben den Vorteil, dass man sie im Einkochtopf stapeln und somit effizienter arbeiten kann. Nach dem Befüllen der Rundrandgläser wird zunächst der passende Gummiring auf den Rand des Deckels gelegt und das Glas damit verschlossen. Anschließend wird das Glas mit Einkochklammern verschlossen. Rillen- oder Massivrandgläser benötigen einen Einkochbügel. Die Klammern bzw. der Einkochbügel bleiben während des ganzen Kochvorganges auf dem Deckel und werden erst nach dem Abkühlen abgenommen.

Bei Twist-Off- und Bügelgläsern entsteht durch das Einfüllen des heißen Gargutes ein Vakuum, welches das Eindringen von Keimen und Sauerstoff verhindert. Daher muss nach dem Einfüllen des heißen Gargutes das Glas zügig mit dem Deckel verschlossen werden. Diesen Vorgang nennt man Einmachen. Für Marmeladen, Gelees und Konfitüren sollten kleine Gläser verwendet werden.

Beim Einkochen wird die Marmelade nach dem Einfüllen mit dem Glasdeckel inklusive dem eingelegten Gummiring abgedeckt und mit den Einkochklammern oder dem Einkochbügel verschlossen. Anschließend werden die Gläser im Einkochtopf 10 Minuten bei 90 °C eingekocht. Die so konservierte Marmelade ist jahrelang haltbar. Diese Vorgehensweise eignet sich besonders für die längere Aufbewahrung von zuckerarmer Marmelade.

Die verwendeten Gläser, Deckel und Gummiringe müssen unversehrt sein, die Deckel müssen fest schließen und die Gummiringe dürfen nicht spröde oder ausgerissen sein. Verformte oder defekte Deckel und Ringe müssen aussortiert werden.

TIPP:
Verwenden Sie keine gebrauchten Industriekonservengläser für Ihre Marmeladen. Die Beschichtung des Deckels nimmt den Geschmack des Inhaltes an und gibt ihn auch wieder ab.

Hygiene ist das A und O

Verwenden Sie aus hygienischen und geschmacklichen Gründen möglichst keine Schneidbretter oder Rührlöffel aus Holz, sondern solche aus Glas oder Kunststoff. Sie lassen sich besser reinigen und sind geschmacksneutral. Alle Dinge, die mit dem Einmachgut in Berührung kommen, müssen einwandfrei sauber sein.

Die Gefäße, die Sie mit dem Einmachgut befüllen möchten, müssen vorher mit heißem Wasser und Spülmittel gereinigt werden. Dazu gehören auch die Deckel und die Gummiringe. Anschließend gut nachspülen, um eventuelle Spülmittelreste zu entfernen. Nun werden die Gläser sterilisiert. Dafür sind zwei Methoden gängig: Erhitzen Sie einen zur Hälfte mit Wasser befüllten Topf. Wenn das Wasser heiß zu werden beginnt, geben Sie die Gläser mit der Öffnung nach unten hinein und kochen diese ca. 10 Minuten. Auch Gummiringe und Deckel müssen in dem kochenden Wasser sterilisiert werden. Alle Gläser und Verschlüsse sollten im heißen Wasser liegen bleiben, bis sie zum Einsatz kommen.

Alternativ kann man die gesäuberten Gläser und Deckel auch im Backofen sterilisieren. Dazu stellt man sie bei 150 °C für 10 Minuten auf den Backofenrost. Die Dichtungsringe werden im Backofen spröde und sollten immer im Wasserbad sterilisiert werden. Die Gläser ruhen dann so lange im ausgeschalteten Backofen, bis sie gebraucht werden.

Lagerung/Haltbarkeit

Beim Einmachen von Marmeladen, Gelees oder Konfitüren ist die Haltbarkeit abhängig von der Zuckerkonzentration. In der Regel ist der so konservierte Fruchtaufstrich mindestens ein Jahr haltbar. Eingekochtes Obst und Gemüse ist bis zu zwei Jahren haltbar.

Regelmäßige Kontrollen, insbesondere beim Öffnen des Glases, sind unerlässlich. Sollte der Glasdeckel locker sitzen oder der Schraubdeckel beim Öffnen nicht mehr knacken, dann haben sich im Glasinneren Gärgase gebildet und das Eingekochte muss entsorgt werden. Dies kann durch mangelnde Sauberkeit oder Nichteinhalten der richtigen Temperatur und Einkochzeit passieren. Bleibt der Deckel beim Anfassen nicht fest auf dem Glas haften, muss der Inhalt entsorgt werden. Schädliche Keime und Bakterien könnten sich eingenistet haben.

Bei Zweifeln an der Qualität des Gargutes ist es ratsam, den Inhalt zu entsorgen. Die Lagerung sollte kühl (4–12 °C) und dunkel erfolgen. Angebrochene Gläser müssen im Kühlschrank aufbewahrt und rasch verbraucht werden.

Befüllen der Gläser

Für das Befüllen der Gläser sollten Sie einen Trichter verwenden. Er ist wichtig, damit der Glasrand sauber bleibt. In der Regel sollten die Gläser bis kurz unter den Rand befüllt werden. Ausnahmen werden im Rezept beschrieben.

Damit die Gläser beim Befüllen mit heißer Marmelade oder Einmachgut nicht springen, können sie zum Ableiten der Hitze auf ein feuchtes Tuch gestellt werden.

Konfitüre, Marmelade, Gelee und Sirup

Marmelade oder Konfitüre?

Nach einer Verordnung von 1982 für Handelsprodukte innerhalb der Europäischen Union darf der Begriff „Marmelade“ in Angleichung an den englischen Sprachgebrauch nur für Marmelade aus Zitrusfrüchten verwendet werden. Wir orientieren uns in diesem Buch jedoch an der Umgangssprache, bei der Gelee aus Fruchtsaft ohne feste Fruchtbestandteile hergestellt wird. Marmelade wird aus Fruchtmus mit Zucker gekocht. In einer Konfitüre sind zusätzlich Fruchtstückchen enthalten. Sirup ist ein dickflüssiger Fruchtsaft, der durch die Zugabe von Zucker haltbar gemacht wird.

Obst

Für die Herstellung von Fruchtaufstrichen sollte man stets einwandfreies, ausgereiftes und frisches Obst verwenden. Durch das Lagern verliert es an Aroma und Qualität. Maximal sollten ca. 2,5 kg Obst auf einmal verarbeitet werden. Bei größeren Mengen entweicht beim Kochen nicht genügend Flüssigkeit. Daher sollte zum Kochen der Marmeladen, Konfitüren und Gelees auch immer ein großer Topf verwendet werden.

Zucker, Gelierzucker und Co.

Ein wesentlicher Bestandteil von Marmeladen, Gelees und Konfitüren ist der Zucker. Ab einer Zuckerkonzentration von 66 % reduziert er die Wasserverfügbarkeit für Bakterien und Schimmelpilze. Am häufigsten wird Gelierzucker verwendet, der aus Zucker, Geliermittel und Säuerungsmittel besteht. Einmachzucker enthält keine Zusatzstoffe. Er sorgt dafür, dass weniger Schaum entsteht und die Marmelade nicht so schnell anbrennt. Natürlich kann man zum Süßen auch jedes andere Süßungsmittel oder Zuckerersatzstoffe verwenden. Hier wird jedoch ein zusätzliches Geliermittel benötigt.

Bitte beachten Sie hierzu auch den natürlichen Pektingehalt der Früchte:

Fruchtart	Pektingehalt hoch	mittel	gering
Apfel	×		
Aprikose		×	
Birne			×
Brombeere			×
Eberesche	×		
Erdbeere			×
Heidelbeere	×		
Himbeere			×
Holunderbeere			×
Johannisbeere	×		
Kirsche			×
Pfirsich		×	
Pflaume		×	
Preiselbeere	×		
Quitte	×		
Rhabarber			×
Zitrusfrüchte	×		
Zwetschge		×	

Pektin ist ein natürliches Bindemittel, welches in Pflanzen in unterschiedlicher Konzentration vorkommt. Durch das Mischen von Früchten mit unterschiedlich hohem Pektingehalt lässt sich eine bessere Gelierung erreichen.

HINWEIS:
Früchte mit hohem Pektingehalt wie Äpfel und Heidelbeeren benötigen deutlich weniger Zucker zum Einkochen als solche mit einem niedrigeren Pektinwert.

Das Verhältnis von Früchten und Zucker ist abhängig von der Obstsorte und dem verwendeten Zucker. Gelierzucker ist in verschiedenen Ausführungen erhältlich, z. B. 2:1, wobei sich die erste Zahl auf die Menge der Früchte bezieht und die zweite Zahl auf die Menge des Zuckers im Verhältnis gesehen. Je höher der Zuckergehalt, desto länger ist die Marmelade haltbar.

Gelierprobe

Beachten Sie die vorgeschriebene Kochzeit des verwendeten Geliermittels. Gelierzucker darf nur 4–6 Minuten kochen, sonst wird das Geliermittel wirkungslos. Bevor die gekochten Früchte in die Gläser gefüllt werden, sollte man eine Gelierprobe vornehmen. Entnehmen Sie eine kleine Menge der heißen Marmelade oder des Gelees und geben Sie diese tröpfchenweise auf einen kalten Teller. Nach kurzer Zeit sollte der Tropfen fest geworden sein.

Beschriftung

Vergessen Sie nicht, die gefüllten Gläser zu beschriften. Dabei sollten Sie neben dem Inhalt auch das Abfülldatum vermerken und eventuell das Verhältnis von Zucker zur Frucht. Versieht man die Gläser mit einem schönen Etikett und einem hübschen Stoffrest über den Deckel gebunden, hat man ein originelles Geschenk oder Mitbringsel.

TIPP:
Lassen Sie die Gläser nach dem Befüllen einige Stunden ruhen. Bewegungen und Erschütterungen beeinträchtigen das Gelieren. Besonders bei Gelees kann dieses bis zu einigen Tagen dauern.

Erdbeeren

Bei Erdbeeren ist es besonders wichtig, den Stielansatz erst nach dem Waschen zu entfernen, damit Saft und Aroma nicht verloren gehen. Um das Gelieren zu fördern, aber auch um das Aroma zu unterstützen, geben Sie einfach immer etwas Zitronensaft dazu. Besonders köstliche Varianten lassen sich durch die Zugabe von Himbeeren, Holunderbeeren, Johannisbeeren, Sauerkirschen oder auch Gewürzen wie Sternanis kreieren.

Grundrezept *Erdbeerkonfitüre*

ZUTATEN

(für ca. 4 Gläser à 250 ml)

1 kg Erdbeeren
500 g Gelierzucker 2:1
3 EL Zitronensaft

ZUBEREITUNG

1. Die Erdbeeren waschen, putzen und je nach Größe vierteln oder halbieren. Mit dem Gelierzucker und dem Zitronensaft in einen großen Topf geben und verrühren.

2. Die Mischung unter Rühren zum Kochen bringen und mindestens 4 Minuten sprudelnd kochen lassen. Den dabei entstandenen Schaum immer wieder mit einem Schaumlöffel abschöpfen. Danach die Gelierprobe machen.

3. Noch heiß in die sterilisierten Gläser füllen, sofort fest verschließen und für ca. 5 Minuten auf den Deckel stellen. Dann wieder umdrehen und auskühlen lassen.

Erdbeer-Sauerkirsch-Konfitüre

ZUTATEN

(für ca. 6 Gläser à 250 ml)

1 kg Erdbeeren
500 g Sauerkirschen
4 EL Zitronensaft
500 g Gelierzucker 3:1

ZUBEREITUNG

1. Die Erdbeeren waschen und putzen, die Sauerkirschen waschen, entstielen und entsteinen. Die Hälfte der Erdbeeren und Kirschen sehr klein schneiden. Die andere Hälfte pürieren.

2. Das Fruchtpüree, die klein geschnittenen Früchte und den Zitronensaft in einem Topf mit dem Gelierzucker vermischen und zugedeckt mindestens 3–4 Stunden ziehen lassen.

3. Anschließend das Ganze unter Rühren zum Kochen bringen und mindestens 4 Minuten sprudelnd kochen lassen. Danach die Gelierprobe machen. Noch heiß in die sterilisierten Gläser füllen, sofort fest verschließen und für ca. 5 Minuten auf den Deckel stellen. Dann wieder umdrehen und auskühlen lassen.

Erdbeer-Apfel-Heidelbeer-Marmelade

ZUTATEN

(für ca. 6 Gläser à 250 ml)

700 g Erdbeeren
200 g Heidelbeeren
600 g Äpfel
500 g Gelierzucker 3:1

ZUBEREITUNG

1. Die Erdbeeren und die Heidelbeeren waschen und putzen. Die Äpfel ebenfalls waschen, schälen, vierteln und das Kerngehäuse entfernen.

2. Die Apfelviertel grob würfeln und mit 250 ml Wasser 10 Minuten zugedeckt weich kochen. Dann die Apfelstücke abseihen und die Flüssigkeit auffangen. Die Stücke abwiegen, mit der aufgefangenen Flüssigkeit auf 700 g auffüllen. Die Apfelstücke mit den Heidelbeeren und den Erdbeeren in einen Topf geben und alles pürieren.

3. Die Fruchtmasse mit dem Gelierzucker vermischen. Unter Rühren zum Kochen bringen und mindestens 4 Minuten sprudelnd kochen lassen. Danach die Gelierprobe machen.

4. Noch heiß in die sterilisierten Gläser füllen, sofort fest verschließen und für ca. 5 Minuten auf den Deckel stellen. Dann wieder umdrehen und auskühlen lassen.

Erdbeer-Rhabarber-Konfitüre

ZUTATEN

(für ca. 5 Gläser à 250 ml)

800 g Erdbeeren
200 g Rhabarber
1 kg Gelierzucker 1:1
1 Päckchen Zitronensäure

ZUBEREITUNG

1. Die Erdbeeren waschen, putzen und in Stücke schneiden. Den Rhabarber putzen, waschen und ebenfalls in Stücke schneiden. Die Früchte in einen Topf geben, mit dem Gelierzucker vermischen und über Nacht zugedeckt ziehen lassen.

2. Die Zitronensäure dazugeben und alles unter ständigem Rühren zum Kochen bringen. Ca. 5 Minuten sprudelnd kochen lassen und danach die Gelierprobe machen.

3. Noch heiß in die sterilisierten Gläser füllen, sofort fest verschließen und für ca. 5 Minuten auf den Deckel stellen. Dann wieder umdrehen und auskühlen lassen.

TIPP:
Eine raffinierte Abwandlung erfährt die Konfitüre, wenn Sie die Menge der Erdbeeren um 100 g reduzieren und stattdessen 100 g Himbeeren dazugeben.

Dunkle *Erdbeerkonfitüre*

ZUTATEN

(für ca. 4 Gläser à 250 ml)

1 kg Erdbeeren
100 ml schwarzer Johannisbeersaft
1 Päckchen abgeriebene Orangenschale
500 g Zucker
1 Beutel Extragelierpulver 2:1

ZUBEREITUNG

1. Die Erdbeeren waschen, putzen und klein schneiden. Zusammen mit dem Johannisbeersaft und der Orangenschale in einen Topf geben. Den Zucker mit dem Gelierpulver mischen und unter die Fruchtmasse rühren.

2. Die Masse unter Rühren zum Kochen bringen und mindestens 4 Minuten sprudelnd kochen lassen. Danach die Gelierprobe machen.

3. Noch heiß in die sterilisierten Gläser füllen, sofort fest verschließen und für ca. 5 Minuten auf den Deckel stellen. Dann wieder umdrehen und auskühlen lassen.

Erdbeer-Vanille-Marmelade

ZUTATEN

(für ca. 5 Gläser à 250 ml)

1 kg Erdbeeren, 2 Vanilleschoten
Saft einer Zitrone
1 kg Gelierzucker 1:1

ZUBEREITUNG

1. Die Erdbeeren waschen und putzen. Die Vanilleschote der Länge nach aufschneiden und das Mark mit einem Messer herauskratzen. Die Erdbeeren in einen großen Topf geben und pürieren.

2. Das Vanillemark, den Zitronensaft und den Gelierzucker dazugeben, alles vermischen und unter Rühren zum Kochen bringen. Mindestens 4 Minuten sprudelnd kochen lassen. Danach die Gelierprobe machen.

3. Noch heiß in die sterilisierten Gläser füllen, sofort fest verschließen und für ca. 5 Minuten auf den Deckel stellen. Dann wieder umdrehen und auskühlen lassen.

Erdbeer-Holunderblüten-Marmelade

ZUTATEN

(für ca. 4 Gläser à 250 ml)

1 kg Erdbeeren
3 Dolden Holunderblüten
Saft von ½ Zitrone
500 g Gelierzucker 2:1

ZUBEREITUNG

1. Die Erdbeeren waschen, putzen, klein schneiden und etwas zerdrücken. Die Holunderblüten von den Dolden zupfen. Mit dem Zitronensaft und dem Zucker untermischen und alles ca. 3 Stunden ziehen lassen.

2. Anschließend die Mischung unter Rühren zum Kochen bringen und mindestens 4 Minuten sprudelnd kochen lassen. Danach die Gelierprobe machen.

3. Noch heiß in die sterilisierten Gläser füllen, sofort fest verschließen und für ca. 5 Minuten auf den Deckel stellen. Dann wieder umdrehen und auskühlen lassen.

Schichtmarmeladen

Wer sich nicht mit einer Marmeladensorte begnügen möchte, hat mit der Schichtmarmelade die Möglichkeit, seine Lieblingssorten zu kombinieren. Im Glas geschichtete Marmelade bietet nicht nur geschmacklich Abwechslung – sie sieht auch noch gut aus, vor allem wenn Sie kontrastreiche Früchte verwenden.

Aprikosen-Erdbeer-Schichtmarmelade

ZUTATEN

(für ca. 10 Gläser à 200 ml)

1,2 kg Aprikosen
1 kg Gelierzucker 2:1
1 kg Erdbeeren
1 EL Zitronensaft

TIPP:
Zum Trennen der Schichten können Sie auch geröstete Mandelblättchen verwenden. Geben Sie diese vor dem Befüllen mit Erdbeermarmelade auf die Aprikosenmarmelade.

ZUBEREITUNG

1. Die Aprikosen waschen, halbieren und entsteinen. Mit der Hälfte des Gelierzuckers vermischen und weich kochen. Die Fruchtmasse pürieren und dann weitere 4 Minuten sprudelnd kochen lassen. Die Gelierprobe machen.

2. Die heiße Aprikosenmarmelade in die sterilisierten Gläser bis zur Hälfte einfüllen und abkühlen lassen.

3. Die Erdbeeren waschen, putzen und mit dem Zitronensaft in einen hohen Topf geben. Mit einem Kartoffelstampfer oder einem Pürierstab zerkleinern.

4. Den restlichen Gelierzucker unterrühren und die Masse zum Kochen bringen. Unter ständigem Rühren ca. 4 Minuten sprudelnd kochen lassen. Die Gelierprobe machen.

5. Die heiße Erdbeermarmelade auf die Aprikosenmarmelade füllen, sofort fest verschließen und auskühlen lassen.

Heidelbeer-Mirabellen-Schichtmarmelade

ZUTATEN

(für ca. 8 Gläser à 300 ml)

Für die Heidelbeermarmelade:

1 kg Heidelbeeren
500 g Gelierzucker 2:1

Für die Mirabellenmarmelade:

1 kg Mirabellen
500 g Gelierzucker 2:1

TIPP:
Mit selbst gemachter Marmelade kann man immer einen lieben Menschen erfreuen! Vor allem wenn es sich um eine attraktiv gestaltete Schichtmarmelade aus den beiden Lieblingssorten handelt.

ZUBEREITUNG

1. Für die Heidelbeermarmelade die gewaschenen und verlesenen Heidelbeeren gut abtropfen lassen, in einen hohen Topf geben und mit einem Pürierstab zerkleinern.

2. Den Gelierzucker unterrühren und die Masse zum Kochen bringen. Unter ständigem Rühren ca. 4 Minuten sprudelnd kochen lassen. Die Gelierprobe machen.

3. Die heiße Marmelade in die sterilisierten Gläser bis zur Hälfte einfüllen und abkühlen lassen.

4. Für die Mirabellenmarmelade die Mirabellen waschen, halbieren und entkernen. Mit 100 ml Wasser und dem Gelierzucker vermischen und aufkochen. Dabei so lange verrühren, bis der Zucker sich aufgelöst hat.

5. Die Fruchtmasse pürieren und dann weitere 5 Minuten köcheln lassen. Die Gelierprobe machen.

6. Die heiße Marmelade auf die Heidelbeermarmelade füllen, sofort fest verschließen und auskühlen lassen.

TIPP:
Damit die beiden Schichten besser getrennt werden, lässt man die untere Schicht abkühlen und füllt erst dann die obere ein. Das bedeutet, dass die Marmelade dann nicht so lange haltbar und zum baldigen Verzehr gedacht ist. Die Haltbarkeit lässt sich durch das anschließende Einkochen in einem Einkochautomat verlängern.

Himbeeren

Marmelade oder Konfitüre aus Himbeeren sind eine ganz besondere Delikatesse. Wenn Sie die Himbeerkerne stören, können Sie diese ganz einfach entfernen: Streichen Sie das pürierte Himbeermus durch ein feinmaschiges Sieb. Die Kerne bleiben dann darin zurück. In der extrafeinen Marmelade macht sich auch ein Schuss Himbeergeist sehr gut.

Grundrezept Himbeermarmelade

ZUTATEN

(für ca. 4 Gläser à 250 ml)
1 kg Himbeeren
1 EL Zitronensaft
500 g Gelierzucker 2:1

ZUBEREITUNG

1. Die Himbeeren verlesen und vorsichtig waschen. Gut abtropfen lassen.

2. In einen Topf geben, den Zitronensaft hinzufügen und mit dem Zucker vermischen. Aufkochen und nach Belieben mit dem Pürierstab pürieren.

3. Die Himbeeren ca. 4 Minuten unter ständigem Rühren kochen lassen. Die Gelierprobe machen.

4. Die Marmelade noch heiß in die sterilisierten Gläser füllen, sofort fest verschließen und für ca. 5 Minuten auf den Deckel stellen. Dann wieder umdrehen und auskühlen lassen.

Himbeer-Johannisbeer-Gelee

ZUTATEN

(für ca. 5 Gläser à 250 ml)
1 kg Himbeeren
200 g rote Johannisbeeren
1 kg Zucker
1 Beutel Gelierhilfe
1 Päckchen Zitronensäure
2 EL Rum

ZUBEREITUNG

1. Die Himbeeren putzen und verlesen, die Johannisbeeren waschen und von den Rispen zupfen. Die Früchte mithilfe eines Entsafters entsaften. Die Gelierhilfe mit der Zitronensäure und etwas Zucker vermischen. Beides in einem großen Kochtopf mit dem abgekühlten Saft verrühren.

2. Den restlichen Zucker zugeben und alles unter ständigem Rühren zum Kochen bringen. Mindestens 4 Minuten kochen lassen, dann den Rum unterrühren und erneut aufkochen lassen. Die Gelierprobe machen.

3. Das Gelee noch heiß in die sterilisierten Gläser füllen, sofort fest verschließen und für ca. 5 Minuten auf den Deckel stellen. Dann wieder umdrehen und auskühlen lassen.

Himbeerkonfitüre
mit Schuss

ZUTATEN

(für ca. 4 Gläser à 250 ml)

1 kg frische Himbeeren
500 g Gelierzucker 2:1
8 cl Himbeergeist

ZUBEREITUNG

1. Die Himbeeren verlesen und in einem großen Topf mit dem Gelierzucker verrühren. Alles unter ständigem Rühren zum Kochen bringen und 4 Minuten sprudelnd kochen lassen.

2. Die Himbeerkonfitüre etwas abkühlen lassen, mit einem Schaumlöffel den Schaum abnehmen und den Himbeergeist unterrühren. Die Gelierprobe machen.

3. Die heiße Himbeerkonfitüre in die sterilisierten Gläser füllen, sofort fest verschließen und für ca. 5 Minuten auf den Deckel stellen. Dann wieder umdrehen und auskühlen lassen.

Himbeersirup

ZUTATEN

(für ca. 4 Flaschen à 500 ml)

1800 g Himbeeren
1 kg Zucker, 1 Beutel Zitronensäure

ZUBEREITUNG

1. Die Himbeeren verlesen, mit etwas Wasser in einen Topf geben und weich kochen. Ein Sieb mit einem Leinentuch auslegen. Die Fruchtmasse daraufgeben, den herabtropfenden Saft auffangen und 1 Liter Fruchtsaft abmessen.

2. Den Fruchtsaft mit dem Zucker und der Zitronensäure in einem Kochtopf vermischen und unter Rühren so lange kochen, bis sich der Zucker aufgelöst hat.

3. Den heißen Sirup randvoll in sterilisierte Flaschen füllen, sofort fest verschließen und auskühlen lassen. Den abgekühlten Sirup im Kühlschrank aufbewahren und vor Gebrauch kräftig schütteln.

Johannisbeeren

Für Gelee oder Konfitüre eignen sich sowohl rote als auch weiße und schwarze Johannisbeeren. Besonders aromatisch und intensiv sind die schwarzen, die weißen haben ein leichtes Weinaroma und die roten schmecken fruchtig. Zur Haupterntezeit im Juni und Juli können Sie Johannisbeeren auf Vorrat kaufen, einfrieren und später zu Saft bzw. Gelee verarbeiten. Sowohl der Geschmack als auch der Vitamingehalt leiden dabei kaum.

Grundrezept *Johannisbeergelee*

ZUTATEN

(für ca. 6 Gläser à 165 ml)

1 kg rote Johannisbeeren

1 kg Zucker

ZUBEREITUNG

1. Die Johannisbeeren unter fließendem Wasser abbrausen und abtropfen lassen. Die Beeren müssen nicht von den Stängeln gezupft werden. Im Dampfentsafter entsaften und den Saft abkühlen lassen.

2. Den abgekühlten Saft und den Zucker in einem Topf unter ständigem Rühren zum Kochen bringen. Dabei mit einem Schaumlöffel den sich bildenden Schaum immer wieder abnehmen. Nach einigen Minuten eine Gelierprobe durchführen.

3. Wenn die Gelierprobe gelingt, das heiße Gelee in sterilisierte Gläser füllen, sofort fest verschließen und für ca. 5 Minuten auf den Deckel stellen. Dann wieder umdrehen und auskühlen lassen.

Johannisbeer-Gelee mit Aprikosen

ZUTATEN

(für ca. 5 Gläser à 250 ml)

1 kg rote Johannisbeeren
500 g Aprikosen
3 cl Johannisbeerlikör
400 g Gelierzucker 3:1

ZUBEREITUNG

1. Die Johannisbeeren unter fließendem Wasser abbrausen, abtropfen lassen und mit einer Gabel von den Rispen abstreifen. Die Aprikosen mit kochendem Wasser überbrühen und die Haut abziehen. Die Steine entfernen und das Fruchtfleisch würfeln.

2. 125 ml Wasser in einen Schnellkochtopf füllen, den Siebeinsatz mit den Johannisbeeren auf den Einsatzsteg stellen und auf Garstufe 2 ca. 15 Minuten entsaften.

3. 500 ml Johannisbeersaft, den Likör und die Aprikosen mit dem Gelierzucker verrühren und aufkochen. Alles 3 Minuten sprudelnd kochen lassen. Die Gelierprobe machen.

4. Das heiße Gelee in sterilisierte Gläser füllen, sofort fest verschließen und für ca. 5 Minuten auf den Deckel stellen. Dann wieder umdrehen und auskühlen lassen.

Johannisbeer-Himbeer-Konfitüre

ZUTATEN

(für ca. 3 Gläser à 250 ml)

300 g rote Johannisbeeren
300 g Himbeeren
300 g Gelierzucker 2:1

ZUBEREITUNG

1. Die Johannisbeeren waschen, verlesen und mit einer Gabel von den Rispen abstreifen. Die Himbeeren vorsichtig waschen, verlesen und gut abtropfen lassen.

2. Die Beeren zusammen in einen großen Topf geben, mit dem Gelierzucker vermischen und zum Kochen bringen. Unter Rühren ca. 4 Minuten sprudelnd kochen lassen. Die Gelierprobe machen.

3. Die heiße Konfitüre in die sterilisierten Gläser füllen, sofort fest verschließen und für ca. 5 Minuten auf den Deckel stellen. Dann wieder umdrehen und auskühlen lassen.

Rote *Johannisbeerkonfitüre*

ZUTATEN
(für ca. 6 Gläser à 250 ml)
1 kg rote Johannisbeeren
1 kg Gelierzucker 1:1

TIPP:
Verfeinern Sie die Konfitüre mit einem Schuss Sherry oder Portwein, indem Sie gegen Ende der Kochzeit 100 ml einrühren.

ZUBEREITUNG

1. Die Johannisbeeren waschen, abtropfen lassen und mit einer Gabel die Beeren von den Rispen abstreifen.

2. Die Johannisbeeren in einem großen Topf mit dem Gelierzucker vermischen und unter ständigem Rühren aufkochen lassen. Die Masse ca. 5 Minuten sprudelnd kochen lassen. Die Gelierprobe machen.

3. Die Johannisbeerkonfitüre in sterilisierte Gläser füllen, sofort fest verschließen und für ca. 5 Minuten auf den Deckel stellen. Dann wieder umdrehen und auskühlen lassen.

Weißes *Johannisbeergelee*

ZUTATEN
(für ca. 4 Gläser à 250 ml)
1,5 kg weiße Johannisbeeren
1 kg Gelierzucker 1:1
3 EL Kaffeebohnen

ZUBEREITUNG

1. Die Johannisbeeren waschen, abtropfen lassen und mit einer Gabel die Beeren von den Rispen abstreifen.

2. Die Beeren mit 500 ml Wasser ca. 20 Minuten weich kochen. Ein Sieb mit einem Mulltuch auslegen und über eine Schüssel stellen. Die Johannisbeeren darin abgießen und gut austropfen lassen. Zum Schluss das Tuch mit den Fruchtresten gut ausdrücken.

3. In einem großen Topf 1 Liter abgekühlten Johannisbeersaft mit dem Gelierzucker vermischen und unter Rühren zum Kochen bringen. Dann ca. 4 Minuten sprudelnd kochen lassen, dabei ständig weiterrühren. Die Gelierprobe machen.

4. Die Kaffeebohnen unterrühren und das heiße Gelee in die sterilisierten Gläser füllen. Achten Sie darauf, dass in jedes Glas einige Kaffeebohnen gelangen. Sofort fest verschließen und für ca. 5 Minuten auf den Deckel stellen. Dann wieder umdrehen und auskühlen lassen.

TIPP:
Statt im Kochtopf können Sie die Johannisbeeren natürlich auch in einem Dampfentsafter entsaften.

Schwarze Johannisbeermarmelade

ZUTATEN

(für ca. 4 Gläser à 250 ml)

1 kg schwarze Johannisbeeren
½ unbehandelte Zitrone
500 g Gelierzucker 2:1

ZUBEREITUNG

1. Die Johannisbeeren unter fließendem Wasser abbrausen und abtropfen lassen. Die Beeren von den Rispen zupfen und verlesen.

2. Die Schale der Zitrone heiß abwaschen, abreiben und den Saft auspressen. Beides mit den Johannisbeeren sowie dem Zucker in einen Topf geben und kurz aufkochen. Die Beeren mit dem Pürierstab leicht pürieren, sodass noch einige Beeren ganz bleiben.

3. Die Mischung aufkochen, ca. 4 Minuten sprudelnd kochen und die Gelierprobe machen.

4. Die heiße Marmelade in die sterilisierten Gläser füllen, sofort fest verschließen und für ca. 5 Minuten auf den Deckel stellen. Dann wieder umdrehen und auskühlen lassen.

Johannisbeersirup

ZUTATEN

(für ca. 2 Flaschen à 750 ml)

1,5 l schwarzer Johannisbeersaft
500 g Zucker

ZUBEREITUNG

1. Den Saft mit dem Zucker ca. 10 Minuten kochen. Dabei darauf achten, dass das Ganze nicht überkocht.

2. Den heißen Sirup in sterilisierte Flaschen füllen, sofort fest verschließen und auskühlen lassen. Den Sirup im Kühlschrank aufbewahren.

Kirschen

Süßkirschen enthalten wenig Fruchtsäure und Pektin, weshalb sich die Zugabe von etwas Zitronensaft oder die Kombination mit säuerlichen Früchten wie Stachelbeeren oder Johannisbeeren empfiehlt. Diese ergänzen das Aroma der Kirschen besonders gut. Alternativ können Sie auch Gelierhilfen verwenden.

Grundrezept *Süßkirschkonfitüre*

ZUTATEN

(für ca. 4 Gläser à 250 ml)

1,2 kg Süßkirschen
500 g Gelierzucker 2:1
1 EL Zitronensaft

ZUBEREITUNG

1. Die Kirschen waschen, abtropfen lassen, entstielen und entsteinen. In einen Topf geben und mit dem Pürierstab leicht pürieren, sodass einige Früchte noch ganz bleiben.

2. Den Zucker und den Zitronensaft dazugeben und alles kurz aufkochen. Unter ständigem Rühren ca. 4 Minuten sprudelnd kochen lassen. Die Gelierprobe machen.

3. Die Konfitüre noch heiß in die sterilisierten Gläser füllen, sofort fest verschließen und für ca. 5 Minuten auf den Deckel stellen. Dann wieder umdrehen und auskühlen lassen.

Sauerkirsch-Apfel-Konfitüre

ZUTATEN

(für ca. 4 Gläser à 300 ml)

600 g Sauerkirschen
600 g säuerliche Äpfel
1 Beutel Gelierhilfe
500 g Zucker
1 TL gemahlener Zimt
1 TL Zitronensäure

ZUBEREITUNG

1. Die Kirschen waschen, entstielen und entsteinen. Die Äpfel schälen, vierteln, vom Kerngehäuse befreien und fein würfeln.

2. Die Gelierhilfe mit 2 Esslöffeln Zucker und dem Zimt mischen und unter die Früchte rühren. Alles aufkochen lassen.

3. Den restlichen Zucker und die Zitronensäure dazugeben, erneut aufkochen und ca. 3 Minuten sprudelnd kochen lassen. Anschließend die Gelierprobe machen.

4. Die heiße Konfitüre in sterilisierte Gläser füllen, sofort fest verschließen und für ca. 5 Minuten auf den Deckel stellen. Dann wieder umdrehen und auskühlen lassen.

Kirschgelee mit Gin

ZUTATEN

(für ca. 4 Gläser à 200 ml)

1,2 kg Süßkirschen
500 g Gelierzucker 2:1
Saft einer Zitrone
3 EL Gin

ZUBEREITUNG

1. Die Kirschen waschen, abtropfen lassen und entstielen.

2. Die Kirschen im Dampfentsafter entsaften und 750 ml Saft abmessen. Falls Sie keinen Dampfentsafter besitzen, können Sie die Kirschen folgendermaßen entsaften: Die Früchte leicht zerdrücken, mit 100 ml Wasser zum Kochen bringen und 5 Minuten köcheln lassen. Dann ein durchlässiges Tuch in ein Sieb legen und die Kirschen darin abtropfen lassen. Danach auspressen und 750 ml Saft abmessen.

3. Den Saft mit dem Gelierzucker und dem Zitronensaft vermischen und in einem großen Topf unter Rühren aufkochen lassen. Dann ca. 4 Minuten sprudelnd kochen lassen und dabei ab und zu umrühren. Die Gelierprobe machen.

4. Zuletzt den Gin unterrühren, das heiße Gelee in die sterilisierten Gläser füllen, sofort fest verschließen und für ca. 5 Minuten auf den Deckel stellen. Dann wieder umdrehen und auskühlen lassen.

TIPP:
Kaffeeliebhaber können anstelle des Gins auch 3 Esslöffel starken Espresso unterrühren.

Äpfel

Für Apfelgelee oder Apfelkonfitüre eignen sich säuerliche Sorten besonders gut. Süße Sorten sollten mit säuerlichen Früchten kombiniert werden. Außerdem ist es ratsam, nicht ganz reife Früchte zu verwenden, da sie einen höheren Säure- und Pektingehalt aufweisen und besser gelieren. Früher wurden deshalb häufig frühzeitig vom Baum gefallene Früchte zu Gelee verarbeitet.

Grundrezept *Apfelgelee*

ZUTATEN

(für ca. 4 Gläser à 300 ml)
2 kg Äpfel (möglichst noch nicht ganz ausgereift)
Gelierzucker 1:1 (Menge je nach Saftmenge)
1 unbehandelte Zitrone

ZUBEREITUNG

1. Die Äpfel waschen und in Spalten schneiden. Stiele und Blütenansätze entfernen. Die Apfelspalten in einen großen Topf geben und mit 500 ml Wasser übergießen.

2. Die Zitrone heiß abwaschen, die Schale spiralförmig abschälen und zu den Äpfeln geben. Die Zitrone auspressen und den Saft ebenfalls dazugeben. Die Mischung erhitzen und die Äpfel weich kochen, jedoch nicht zerkochen!

3. Den Sud etwas abkühlen lassen. Ein Sieb mit einem Mulltuch auslegen und auf eine große Schüssel stellen. Den Sud über dem Sieb abschütten und in der Schüssel auffangen. Das Tuch an den Ecken zusammennehmen und den Inhalt über der Schüssel ausdrücken.

4. Die erhaltene Menge an Saft abmessen und in einen Topf füllen. Die gleiche Menge Zucker abwiegen und hinzufügen. Die Mischung aufkochen lassen und unter ständigem Rühren ca. 5 Minuten kräftig kochen. Dabei den entstehenden Schaum immer wieder mit einem Schaumlöffel abschöpfen. Die Gelierprobe machen.

5. Das fertige Gelee noch heiß in die sterilisierten Gläser füllen, sofort fest verschließen und für ca. 5 Minuten auf den Deckel stellen. Dann wieder umdrehen und auskühlen lassen.

Apfelkonfitüre

ZUTATEN

(für ca. 4 Gläser à 250 ml)

1 unbehandelte Orange
1 kg Äpfel
150 ml Orangensaft
2 EL Zitronensaft
1 Zimtstange
500 g Gelierzucker 2:1
1 Msp. geriebene Muskatnuss

ZUBEREITUNG

1. Die Orange heiß abwaschen und trocken reiben. Mit einem Zestenreißer die Schale in dünnen Streifen abziehen. Die Äpfel schälen, vierteln und das Kerngehäuse entfernen. Das Fruchtfleisch grob reiben.

2. Das geriebene Fruchtfleisch, die Orangenschale, den Orangensaft, den Zitronensaft und die Zimtstange in einen großen Kochtopf geben. Den Gelierzucker hinzufügen und alles gut vermischen.

3. Das Ganze unter Rühren zum Kochen bringen und ca. 4 Minuten sprudelnd kochen lassen, dabei ständig weiterrühren. Die Gelierprobe machen.

4. Die Zimtstange entfernen und mit Muskatnuss würzen. Die heiße Apfelkonfitüre in die sterilisierten Gläser füllen, sofort fest verschließen und für ca. 5 Minuten auf den Deckel stellen. Dann wieder umdrehen und auskühlen lassen.

TIPP:
Sie können die Konfitüre statt mit Muskatnuss auch mit 1–2 Teelöffeln Lebkuchengewürz verfeinern.

Apfel-Hagebutten-Marmelade

ZUTATEN

(für ca. 5 Gläser à 250 ml)

1 kg Äpfel
300 g Hagebutten
1 kg Gelierzucker 1:1

ZUBEREITUNG

1. Die Äpfel waschen, vierteln und vom Kerngehäuse befreien. Die Hagebutten waschen und die Stiele und Blütenansätze entfernen.

2. Die Früchte in einem großen Topf mit 400 ml Wasser aufkochen und so lange kochen lassen, bis sie weich sind.

3. Dann durch ein Sieb streichen und die Fruchtmasse mit dem Gelierzucker vermengen. Alles erhitzen und ca. 4 Minuten sprudelnd kochen lassen. Die Gelierprobe machen.

4. Die heiße Marmelade in die sterilisierten Gläser füllen, sofort fest verschließen und für ca. 5 Minuten auf den Deckel stellen. Dann wieder umdrehen und auskühlen lassen.

Aprikosen

Achten Sie beim Einkauf darauf, dass die Früchte reif sind. Unreife Aprikosen reifen nämlich nicht nach. Sie sind eher trocken und nicht sehr aromatisch. Aprikosen lassen sich hervorragend mit Beeren kombinieren.

Grundrezept Aprikosenmarmelade

ZUTATEN

(für ca. 5 Gläser à 250 ml)

1,2 kg Aprikosen
einige Stängel Zitronenmelisse
1 unbehandelte Zitrone
1 kg Gelierzucker 1:1
30 ml Aprikosengeist

ZUBEREITUNG

1. Die Aprikosen waschen und häuten: Überbrühen Sie die Früchte dazu mit kochendem Wasser. Nach 1–2 Minuten mit kaltem Wasser abschrecken, die Schale mit einem scharfen Messer einritzen und abziehen. Anschließend die Früchte entsteinen und zerkleinern.

2. Die Zitronenmelisse waschen, trocken schütteln, die Blättchen abzupfen und klein hacken. Die Zitrone heiß abwaschen und trocken tupfen. Mit einem Zestenreißer die Schale in dünnen Streifen abziehen.

3. Die Zitronenzesten zu den Aprikosen geben, die Zitrone auspressen und den Saft ebenfalls hinzugeben. Alles mit dem Gelierzucker vermischen und zum Kochen bringen. Die Masse ca. 4 Minuten unter Rühren sprudelnd kochen lassen. Dann vom Herd nehmen und die gehackten Melisseblättchen sowie den Aprikosengeist unterrühren. Die Gelierprobe machen.

4. Die heiße Marmelade sofort in sterilisierte Gläser füllen, fest verschließen und ca. 5 Minuten auf den Deckel stellen. Beim Erkalten sollten Sie die Gläser mehrmals wenden, damit sich die Melisse gleichmäßig darin verteilt.

TIPP:
Benutzen Sie einen hohen Topf aus Edelstahl mit einem Durchmesser von mindestens 24 cm. Der Topf sollte höchstens zur Hälfte mit Früchten gefüllt werden, so kann genügend Flüssigkeit verdampfen und die Marmelade kocht nicht über.

Stachelbeeren

Je nach Sorte und Reifezustand reicht die Geschmacksvielfalt von süß bis hin zu eher säuerlich. Dabei gilt: Je reifer die Frucht, desto süßer ihr Geschmack.

Grundrezept Stachelbeerkonfitüre

ZUTATEN

(für ca. 6 Gläser à 250 ml)

1 kg rote Stachelbeeren

1 kg Gelierzucker 1:1

ZUBEREITUNG

1. Die Stachelbeeren waschen, putzen und abtropfen lassen. Die Stachelbeeren in einem großen Topf mit dem Gelierzucker vermischen und unter ständigem Rühren aufkochen lassen. Die Masse ca. 5 Minuten sprudelnd kochen lassen. Danach die Gelierprobe machen.

2. Die Stachelbeerkonfitüre in sterilisierte Gläser füllen, sofort fest verschließen und für ca. 5 Minuten auf den Deckel stellen. Dann wieder umdrehen und auskühlen lassen.

TIPP:
Sie können die Konfitüre auch mit dem Saft einer halben frisch ausgepressten Zitrone verfeinern.

Birnen

Birnen sind beim Einkauf häufig noch sehr fest. Wenn sie einige Tage bei Zimmertemperatur gelagert werden, erhalten sie ihre volle Reife. Birnen lassen sich besonders gut mit Heidelbeeren, Holunderbeeren, Äpfeln oder Zwetschgen kombinieren.

Grundrezept Birnenmarmelade

ZUTATEN

(für ca. 4 Gläser à 250 ml)

1,2 kg reife Birnen
500 g Gelierzucker 2:1

TIPP:
Wenn Sie eine Zimtstange mitkochen, erhält die Marmelade ein ganz besonderes Aroma.

ZUBEREITUNG

1. Die Birnen schälen, vierteln und entkernen. Die Birnenviertel in wenig Wasser erhitzen und kochen, bis sie weich sind. Dann die Birnen herausnehmen, abtropfen lassen und durch ein Sieb streichen.

2. Den Gelierzucker mit etwas Wasser so lange einkochen, bis er Fäden zieht. Dann das Birnenmus dazugeben, vermischen und unter Rühren weiterkochen, bis die Gelierprobe gelingt.

3. Die heiße Marmelade in sterilisierte Gläser füllen, sofort fest verschließen und für ca. 5 Minuten auf den Deckel stellen. Dann wieder umdrehen und auskühlen lassen.

Birnen-Heidelbeer-Marmelade

ZUTATEN
(für ca. 6 Gläser à 200 ml)
800 g reife Birnen
300 g Heidelbeeren
1 EL Zitronensaft
500 g Gelierzucker 2:1

ZUBEREITUNG

1. Die Birnen schälen, vierteln und das Kerngehäuse entfernen. Die Heidelbeeren waschen und putzen.

2. Die Birnenviertel mit dem Zitronensaft und den Heidelbeeren pürieren. In einem großen Kochtopf das Fruchtpüree mit dem Gelierzucker gut vermischen.

3. Alles unter Rühren zum Kochen bringen und ca. 4 Minuten sprudelnd kochen lassen, dabei ständig weiterrühren. Die Gelierprobe machen.

4. Die heiße Marmelade in sterilisierte Gläser füllen, sofort fest verschließen und für ca. 5 Minuten auf den Deckel stellen. Dann wieder umdrehen und auskühlen lassen.

Birnen-Apfel-Gelee

ZUTATEN
(für ca. 4 Gläser à 250 ml)
700 g Birnen, 700 g Äpfel
ca. 500 g Zucker

ZUBEREITUNG

1. Die Birnen und die Äpfel vierteln, dabei das Kerngehäuse und die Schalen nicht entfernen. Knapp mit Wasser bedecken, kurz aufkochen und dann abgedeckt über Nacht stehen lassen.

2. Die Fruchtmasse in einem Sieb über einer großen Schüssel abseihen. Den Saft abwiegen und mit der gleichen Menge Zucker verrühren, z. B. bei 500 ml Saft 500 g Zucker verwenden.

3. Das Saft-Zucker-Gemisch aufkochen, bis sich der Zucker aufgelöst hat. Bei geringer Hitze 20–30 Minuten weiterköcheln lassen. Die Gelierprobe machen.

4. Wenn die Gelierprobe gelingt, das heiße Gelee in die sterilisierten Gläser füllen, sofort fest verschließen und für ca. 5 Minuten auf den Deckel stellen. Dann wieder umdrehen und auskühlen lassen.

TIPP:
Birnensaft allein eignet sich nicht für die Geleeherstellung. Deshalb muss er immer mit Apfelsaft gemischt werden. Empfehlenswert ist außerdem die Zugabe von Zitronensaft.

Brombeeren

Im Juli und August haben Brombeeren Hochsaison. Sie können sie dann auch an Wildhecken in Parks oder an Waldrändern finden. Wer dann nicht sofort Marmelade kochen möchte, kann die Beeren einfrieren und später weiterverarbeiten.

Grundrezept Brombeermarmelade

ZUTATEN

(für ca. 4 Gläser à 300 ml)

1 kg Brombeeren
500 g Gelierzucker 2:1
1 EL Zitronensaft

ZUBEREITUNG

1. Die Brombeeren verlesen, vorsichtig waschen und abtropfen lassen.

2. In einen hohen Topf geben und die Beeren nach Belieben mit dem Kartoffelstampfer oder dem Pürierstab noch etwas zerkleinern.

3. Den Gelierzucker sowie den Zitronensaft dazugeben und die Mischung zum Kochen bringen. Unter ständigem Rühren ca. 4 Minuten sprudelnd kochen lassen. Die Gelierprobe machen.

4. Noch heiß in die sterilisierten Gläser füllen, sofort fest verschließen und für ca. 5 Minuten auf den Deckel stellen. Dann wieder umdrehen und auskühlen lassen.

TIPP:
Wenn Sie die Marmelade ohne Kerne bevorzugen, können Sie die pürierte Masse durch eine Flotte Lotte mit feinem Locheinsatz drehen. Auf diese Weise lassen sich die meisten Kerne herausfiltern.

Brombeergelee

ZUTATEN

(für ca. 4 Gläser à 300 ml)
1,5 kg Brombeeren
500 g Gelierzucker 2:1
Saft von ½ Zitrone

ZUBEREITUNG

1. Die Brombeeren verlesen, vorsichtig waschen und abtropfen lassen. Im Dampfentsafter entsaften und ca. 800 ml Saft abmessen.

2. Den abgekühlten Saft in einen großen Topf geben, den Zucker einrühren und den Zitronensaft hinzufügen. Das Ganze unter Rühren erhitzen und ca. 4 Minuten sprudelnd kochen lassen. Dabei den entstehenden Schaum abschöpfen. Die Gelierprobe machen.

3. Das heiße Gelee in die sterilisierten Gläser füllen, sofort fest verschließen und für ca. 5 Minuten auf den Deckel stellen. Dann wieder umdrehen und auskühlen lassen.

Brombeersirup

ZUTATEN

(für ca. 2 Flaschen à 500 ml)
500 ml Brombeersaft (frisch entsaftet oder fertig gekauft)
800 g Zucker
20 g Zitronensäure

ZUBEREITUNG

1. Den Saft mit 400 ml Wasser und dem Zucker aufkochen. Ca. 3 Minuten sprudelnd weiterkochen und die Zitronensäure hinzufügen.

2. Den heißen Sirup in sterilisierte Flaschen abfüllen, sofort fest verschließen und auskühlen lassen. Im Kühlschrank aufbewahren.

Brombeer-Himbeer-Marmelade

ZUTATEN

(für ca. 4 Gläser à 300 ml)
800 g Brombeeren, 200 g Himbeeren
½ Päckchen Zitronensäure
500 g Gelierzucker 2:1
Saft von ½ Zitrone

ZUBEREITUNG

1. Die Brombeeren und die Himbeeren verlesen, vorsichtig waschen und abtropfen lassen. In einem hohen Topf mit dem Pürierstab zerkleinern.

2. Die Zitronensäure, den Gelierzucker und den Zitronensaft dazugeben, alles gut verrühren und aufkochen lassen. Unter Rühren ca. 4 Minuten sprudelnd kochen lassen und dann die Gelierprobe machen.

3. Die heiße Marmelade in die sterilisierten Gläser füllen, fest verschließen und die Gläser für ca. 5 Minuten auf den Deckel stellen. Dann wieder umdrehen und abkühlen lassen.

Geschenkidee: Heidelbeer-Mirabellen-Schichtmarmelade (Rezept s. S. 13)

Mirabellen

Die Mirabelle zählt zu den Pflaumen, sie ist sozusagen deren kleine Schwester. Mirabellen sind reich an Kalium, Magnesium und Vitamin C und schmecken je nach Sorte süß bis süß-säuerlich. Während der Saison von August bis September erhält man sie auch auf regionalen Bauernmärkten.

Grundrezept Mirabellenmarmelade

ZUTATEN

(für ca. 4 Gläser à 300 ml)

1,2 kg Mirabellen
1 kg Gelierzucker 1:1
80 ml Zitronensaft

ZUBEREITUNG

1. Die Mirabellen waschen, halbieren und entkernen. Mit 100 ml Wasser, dem Gelierzucker und dem Zitronensaft vermischen und aufkochen. Dabei so lange verrühren, bis der Zucker sich aufgelöst hat.

2. Den Topf vom Herd nehmen und die Fruchtmasse mit dem Pürierstab pürieren. Dann alles weitere 5 Minuten köcheln lassen. Die Gelierprobe machen.

3. Die heiße Marmelade in sterilisierte Gläser füllen, sofort fest verschließen und für ca. 5 Minuten auf den Deckel stellen. Dann wieder umdrehen und auskühlen lassen.

TIPP:
Wenn Sie die Mirabellen nicht entkernen wollen, vermischen Sie diese mit 100 ml Apfelsaft und einer grob zerkleinerten Zimtstange und kochen alles, bis die Früchte weich sind. Durch ein Sieb oder eine Flotte Lotte streichen. Dann weiter verfahren wie in Punkt 1 beschrieben, nach der Zugabe von Wasser.

Heidelbeeren

Heidelbeeren gelten heute als sogenanntes „Superfood“ und sind deshalb heiß begehrt. Die meisten Beeren, die hierzulande verkauft werden, sind Kulturheidelbeeren. Wilde Heidelbeeren können zwar gesammelt werden, aber dabei gilt es, sehr umsichtig vorzugehen.

Grundrezept Heidelbeergelee

ZUTATEN

(für ca. 4 Gläser à 250 ml)

900 ml Heidelbeersaft (frisch entsaftet oder fertig gekauft)

100 ml Orangensaft

500 g Gelierzucker 2:1

ZUBEREITUNG

1. In einem großen Topf den Heidelbeersaft mit dem Orangensaft und dem Gelierzucker vermischen.

2. Das Ganze zum Kochen bringen und unter ständigem Rühren ca. 4 Minuten sprudelnd kochen lassen. Die Gelierprobe machen.

3. Das heiße Gelee in die sterilisierten Einmachgläser füllen, sofort fest verschließen und für ca. 5 Minuten auf den Deckel stellen. Dann wieder umdrehen und auskühlen lassen.

TIPP:

Wilde Heidelbeeren haben zwar einen einzigartigen Geschmack, beim Sammeln sollten Sie aber Folgendes beachten:

- Der Fuchsbandwurm wird über den Kot von Füchsen übertragen. Dass seine Eier an den blauen Beeren haften, ist nicht auszuschließen. Waschen Sie die Beeren deshalb gründlich vor der Verwendung und essen Sie sie nicht roh. Durch das Aufkochen werden die Eier auf jeden Fall zerstört.
- Sammeln Sie nicht in Naturschutzgebieten und Nationalparks. Regional werden dafür teilweise sogar Bußgelder erhoben.

Quitten

Es gibt Apfel- und Birnenquitten, die beide verarbeitet werden können. Allerdings haben Apfelquitten mehr Geschmack. Roh sind Quitten hart und ungenießbar, aber beim Kochen entfalten sie ihr unverkennbares Aroma.

Grundrezept Quittengelee

ZUTATEN

(für ca. 6 Gläser à 250 ml)

2 kg Apfelquitten
ca. 1 kg Gelierzucker 1:1
Saft einer Zitrone

ZUBEREITUNG

1. Die Quitten waschen und den Flaum mit einem Tuch abreiben. Die Blütenansätze und die Stiele entfernen, dann die Früchte in Spalten oder grobe Stücke schneiden.

2. Die Quittenstücke in einem großen Topf mit 1 Liter Wasser aufgießen und zugedeckt 30–40 Minuten weich kochen.

3. Ein Sieb mit einem Mulltuch auslegen und auf eine große Schüssel stellen. Die Quitten über dem Sieb abschütten. Den Saft am besten über Nacht abtropfen lassen und das Tuch anschließend gut ausdrücken.

4. Die erhaltene Saftmenge abmessen, in einem Topf mit der gleichen Menge Gelierzucker und dem Zitronensaft verrühren und aufkochen. Kochen lassen, bis die Gelierprobe gelingt.

5. Das heiße Gelee in die sterilisierten Gläser füllen, sofort fest verschließen und für ca. 5 Minuten auf den Deckel stellen. Dann wieder umdrehen und auskühlen lassen.

Quittensirup

ZUTATEN

(für ca. 2 Flaschen à 500 ml)

1 kg Apfelquitten
250 g Zucker
Saft einer Zitrone

ZUBEREITUNG

1. Die Quitten waschen und den Flaum auf der Schale mit einem Tuch abreiben. Die Früchte vierteln, das Kerngehäuse entfernen und das Fruchtfleisch in Stücke schneiden.

2. Die Quittenstücke mit 1 Liter Wasser in einen Kochtopf geben und zum Kochen bringen. So lange köcheln lassen, bis sie weich sind.

3. Ein Sieb mit einem Mulltuch auslegen und auf eine große Schüssel stellen. Die Quitten über dem Sieb abschütten. Den Saft am besten über Nacht abtropfen lassen und das Tuch anschließend gut ausdrücken.

4. Den gewonnenen Saft mit dem Zucker und dem Zitronensaft aufkochen und ca. 15 Minuten köcheln lassen.

5. Den heißen Quittensirup in sterilisierte Flaschen füllen, sofort fest verschließen und dann auskühlen lassen. Im Kühlschrank aufbewahren.

Quitten-Kürbis-Konfitüre

ZUTATEN

(für ca. 5 Gläser à 300 ml)

1 kg Apfelquitten

1 kg Kürbis, z. B. Muskatkürbis oder Hokkaido

Saft und abgeriebene Schale von 2 unbehandelten Zitronen

1 Orange

500 g Gelierzucker 3:1

ZUBEREITUNG

1. Die Quitten waschen und den Flaum auf der Schale mit einem Tuch abreiben. Die Früchte vierteln, das Kerngehäuse entfernen und das Fruchtfleisch in Stücke schneiden. Den Kürbis halbieren und die Kürbiskerne mit einem Löffel ausschaben. Die Kürbishälften schälen und das Fruchtfleisch ebenfalls in Stücke schneiden. Beides zusammen in einen Topf geben, mit 500 ml Wasser bedecken und ca. 40 Minuten weich kochen.

2. Die Zitronen heiß waschen und trocken reiben. Mit einem Zestenreißer die Schale dünn abziehen. Die Zitronen und die Orange auspressen. Die Quitten- und Kürbisstücke pürieren, den Saft und die Zitronenschale dazugeben und alles mit dem Gelierzucker mischen.

3. Unter Rühren zum Kochen bringen und ca. 4 Minuten sprudelnd kochen lassen, dabei ständig weiterrühren. Die Gelierprobe machen.

4. Die heiße Konfitüre in die sterilisierten Gläser füllen, sofort fest verschließen und für ca. 5 Minuten auf den Deckel stellen. Dann wieder umdrehen und auskühlen lassen.

Pflaumen

Die Zwetschge ist eine Unterart der Pflaume. Man kann beide gut unterscheiden: Die Pflaume ist rundlich und der Stein lässt sich nur schwer vom Fruchtfleisch lösen. Die Zwetschge hingegen ist eher länglich, dunkler und der Kern lässt sich leicht lösen. Für Mus oder Konfitüre sind beide gleichermaßen geeignet.

Grundrezept Pflaumenmus

ZUTATEN
(für ca. 4 Gläser à 300 ml)
3 kg reife Pflaumen
500 g brauner Zucker
Saft einer Zitrone

ZUBEREITUNG

1. Die Pflaumen waschen, halbieren und entsteinen. In einem großen ofenfesten Topf mit dem Zucker mischen und abgedeckt 12 Stunden ziehen lassen.
2. Den Backofen auf 180 °C vorheizen. Die Pflaumen mit dem Zitronensaft verrühren und im Backofen ca. 2 Stunden einkochen lassen. Dabei gelegentlich umrühren.
3. Das Pflaumenmus pürieren und in die sterilisierten Gläser füllen, sofort fest verschließen und im Einkochautomat 10 Minuten bei 90 °C einkochen.

Zwetschgen-Birnen-Brombeer-Marmelade

ZUTATEN
(für ca. 4 Gläser à 250 ml)
100 g Brombeeren (oder andere Beeren)
500 g Zwetschgen oder Pflaumen
400 g reife Birnen
Saft und abgeriebene Schale einer unbehandelten Zitrone
500 g Gelierzucker 2:1

ZUBEREITUNG

1. Die Brombeeren und die Zwetschgen waschen und gut abtropfen lassen. Die Zwetschgen halbieren und entsteinen. Die Birnen schälen, vierteln, das Kerngehäuse entfernen und die Viertel in kleine Stücke schneiden. Alle Früchte mit dem Zitronensaft und der Zitronenschale mischen und pürieren.
2. In einem großen Kochtopf mit dem Gelierzucker vermischen, unter Rühren zum Kochen bringen und ca. 4 Minuten sprudelnd kochen lassen, dabei ständig weiterrühren. Die Gelierprobe machen.
3. Die heiße Marmelade in die sterilisierten Gläser füllen. Sofort fest verschließen und für ca. 5 Minuten auf den Deckel stellen. Dann wieder umdrehen und auskühlen lassen.

Schnelles *Zwetschgenmus*

ZUTATEN

(für ca. 4 Gläser à 250 ml)

1 kg Zwetschgen
½ Vanilleschote
½ Zimtstange
1 Gewürznelke
500 g Gelierzucker 2:1

ZUBEREITUNG

1. Die Zwetschgen waschen, halbieren, entsteinen und klein schneiden. Mit dem Pürierstab pürieren. Das Mark aus der Vanilleschote herauskratzen und unterrühren.

2. Die pürierten Zwetschgen in einen Topf geben, die Vanilleschote, die Zimtstange und die Gewürznelke dazugeben, alles durchrühren und erhitzen.

3. Den Gelierzucker hinzufügen und nochmals durchrühren. Das Mus aufkochen lassen und ca. 5 Minuten unter wiederholtem Rühren köcheln lassen.

4. Die Vanilleschote und die Zimtstange entfernen und das Mus noch heiß in die sterilisierten Gläser füllen. Sofort fest verschließen und für ca. 5 Minuten auf den Deckel stellen. Dann wieder umdrehen und auskühlen lassen.

TIPP:
Wer das Pflaumenmus gerne etwas würziger mag, kann unter die Pflaumenmasse noch 1–2 Teelöffel Lebenkuchengewürz mischen. Eine leckere Variante erhalten Sie, wenn Sie 1 Esslöffel Kakaopulver hinzufügen und den Zitronensaft durch die gleiche Menge Apfelessig ersetzen.

Hagebutten

Hagebutten sind die Früchte verschiedener Wildrosen. Hierzulande ist die Hundsrose am häufigsten. Ihre Vitamin-C-reichen Früchte kann man von Ende September bis November ernten.

Grundrezept *Hagebuttenmarmelade*

ZUTATEN

(für ca. 4 Gläser à 250 ml)

1,2 kg Hagebutten
1 unbehandelte Zitrone
1 kg Gelierzucker 1:1

ZUBEREITUNG

1. Die Hagebutten waschen und abtropfen lassen. Die Blütenansätze entfernen, die Früchte aufschneiden und die Kerne entfernen. Dabei sollte man sich nicht ins Gesicht fassen oder den Körper berühren, da die Härchen an den Kernen einen starken Juckreiz verursachen können. Danach die Hände mehrmals gut waschen.

2. Die Hagebutten erneut waschen, in einen großen Topf geben und mit 500 ml Wasser bedecken. Bei Raumtemperatur ca. 24 Stunden ziehen lassen.

3. Die Hagebutten im Einweichwasser weich kochen und noch heiß durch ein Sieb streichen.

4. Die Schale der Zitrone spiralförmig abschälen. Das Hagebuttenmark mit dem Gelierzucker vermischen und die Zitronenschale hinzufügen. Aufkochen und ca. 5 Minuten unter Rühren sprudelnd kochen lassen. Die Gelierprobe machen.

5. Die Zitronenschale entfernen und die heiße Marmelade in die sterilisierten Gläser füllen. Sofort fest verschließen und ca. 5 Minuten auf den Deckel stellen. Danach wieder umdrehen und auskühlen lassen.

TIPP:
Die Hagebuttenmarmelade wird geschmacklich sehr gut abgerundet, wenn Sie sie statt im Einweichwasser in der gleichen Menge Orangensaft weich kochen.

Ebereschen

Ebereschen sind auch unter der Bezeichnung Vogelbeeren bekannt. Sie enthalten sehr viel Vitamin C. Allerdings sollten sie nur gekocht verzehrt werden, da sie im rohen Zustand zu Magenproblemen führen können. Durch die Verarbeitung zu Marmelade werden sie aber sehr gut verträglich.

Grundrezept Ebereschenmarmelade

ZUTATEN

(für ca. 4 Gläser à 250 ml)

1 kg Ebereschenbeeren
2 Vanilleschoten
500 g Gelierzucker 2:1
1 TL Zitronensäure

ZUBEREITUNG

1. Die Ebereschenbeeren waschen, abtropfen lassen und von den Stielen zupfen.

2. Die Beeren mit 250 ml Wasser ca. 25 Minuten sehr weich kochen und dann mit dem Pürierstab pürieren.

3. Das Mark aus den Vanilleschoten herauskratzen und zusammen mit dem Gelierzucker und der Zitronensäure zu den Beeren geben.

4. Alles unter Rühren aufkochen und ca. 4 Minuten sprudelnd kochen lassen. Die Gelierprobe machen.

5. Die heiße Marmelade in die sterilisierten Gläser füllen, sofort fest verschließen und für ca. 5 Minuten auf den Deckel stellen. Dann umdrehen und auskühlen lassen.

Holunder

Holunderbeeren enthalten neben Vitamin C viel Kalium, Folsäure und Eisen und sind ein altbekanntes Hausmittel gegen Erkältungen. Roh sollten die Beeren allerdings nicht genossen werden, da sie schwach giftig sind. Beim Erhitzen werden diese Stoffe abgebaut, sodass Sie Ihr Gelee oder Ihre Marmelade unbeschwert genießen können. Holunderblüten gibt es nicht zu kaufen, sie sind aber relativ leicht zu finden. Der Strauch des Schwarzen Holunders blüht in vielen Gärten und Parks zwischen Mai und Juli. Auf den ersten Blick ähneln die Blüten denen des gefleckten Schierlings. Der Schierling verrät sich aber durch seinen intensiven, unangenehmen Geruch.

Grundrezept *Holundergelee*

ZUTATEN

(für ca. 4 Gläser à 250 ml)
700 g Holunderbeeren
250 ml Apfelsaft, 700 g Gelierzucker 1:1
Saft von ½ Zitrone

ZUBEREITUNG

1. Die Holunderbeeren waschen und von den Dolden streifen. Die Beeren mit dem Apfelsaft erhitzen und zugedeckt 10 Minuten kochen, dann etwas abkühlen lassen. Ein Sieb mit einem sauberen Mulltuch auslegen und auf eine Schüssel stellen. Den Sud darüber abgießen und über Nacht abtropfen lassen.

2. Am nächsten Tag das Tuch ausdrücken. Den aufgefangenen Holundersaft mit Wasser auf 600 ml auffüllen und in einen Topf geben. Den Gelierzucker und den Zitronensaft unterrühren, alles unter Rühren aufkochen und ca. 4 Minuten sprudelnd kochen lassen. Den eventuell entstehenden Schaum mit einer Schaumkelle abnehmen. Die Gelierprobe machen.

3. Das heiße Gelee in die sterilisierten Gläser füllen, sofort fest verschließen und für ca. 5 Minuten auf den Deckel stellen. Dann wieder umdrehen und auskühlen lassen.

TIPP:
Wenn Ihnen das Sammeln der Holunderbeeren zu mühsam ist oder es einfach nur schnell gehen soll, können Sie statt frisch zubereitetem Saft auch die gleiche Menge fertig gekauften, 100-prozentigen Holundersaft verwenden. Ganz besonders raffiniert wird das Gelee, wenn Sie am Ende noch 3 Esslöffel Calvados hinzufügen.

Holunderbeer-Marmelade

ZUTATEN

(für ca. 4 Gläser à 250 ml)

1 kg Holunderbeeren
1 Zimtstange
2 Pimentkörner
500 g Gelierzucker 2:1

ZUBEREITUNG

1. Die Holunderbeeren waschen, abtropfen lassen und mit einer Gabel von den Rispen streifen.

2. Die Beeren mit der Zimtstange und den Pimentkörnern in einem großen Topf ca. 5 Minuten kochen lassen und dabei gelegentlich umrühren.

3. Mit einem Kartoffelstampfer grob zerdrücken und anschließend durch ein Sieb streichen. Das erhaltene Holundermus mit dem Gelierzucker vermischen und zum Kochen bringen. Unter Rühren ca. 4 Minuten sprudelnd kochen lassen. Die Gelierprobe machen.

4. Die heiße Marmelade in die sterilisierten Gläser füllen, sofort fest verschließen und für ca. 5 Minuten auf den Deckel stellen. Dann wieder umdrehen und auskühlen lassen.

Holunderblütensirup

ZUTATEN

(für ca. 6 Flaschen à 500 ml)

30 Holunderblütendolden
2 unbehandelte Zitronen
2 kg Zucker
50 g Zitronensäure

ZUBEREITUNG

1. Die Holunderblüten leicht schütteln, um eventuell vorhandene Insekten zu entfernen. Auf keinen Fall waschen, da dadurch das Aroma verloren geht! Die Zitronen heiß abwaschen, trocken reiben und in Scheiben schneiden.

2. Den Zucker in einem sehr großen Topf mit 2 Litern Wasser verrühren und aufkochen. Etwas abkühlen lassen, die Holunderblüten und die Zitronenscheiben dazugeben und abdecken.

3. An einem kühlen, dunklen Ort mehrere Tage ziehen lassen. Dabei gelegentlich umrühren.

4. Die Holunderblütenmischung durch ein sehr feines Sieb abgießen und einmal kurz aufkochen. Noch heiß in die sterilisierten Flaschen füllen und sofort fest verschließen.

Einkochen von Obst und Gemüse

Gläser

Es gibt verschiedene Glasarten, die zum Einkochen verwendet werden. Dazu gehören Twist-Off- und Bügelgläser. Durch ihren festen Verschluss kann man jedoch nicht prüfen, ob das Gargut verdorben ist. Besser geeignet sind Einmachgläser mit Deckel und Gummiring: Während des Kochvorgangs dehnt sich die Luft im Glas aus und wird am Gummiring vorbei nach außen gedrückt. Beim Abkühlen entsteht im Glasinneren ein Unterdruck, wodurch der Deckel auf den Glasrand gepresst wird. Daher ist es äußerst wichtig, dass Deckel, Gummiring und Glasrand immer ganz sauber sind.

Einkochen im Backofen

Hier ist Vorsicht geboten. Die Elektro- oder Gasherde sind je nach Alter, System und technischer Ausstattung so unterschiedlich, dass es schwierig ist, eine allgemein gültige Anleitung zu geben. Ein schonendes und nachhaltiges Einkochen mit genau angepassten Temperaturen und Kochzeiten ist nicht möglich. Auch der Energieaufwand ist relativ hoch. Die Gummiringe werden trotz Wasserzugabe bei der trockenen Hitze im Backofen spröde und die Gummilasche reißt eventuell beim Öffnen ab. Bei den neueren Herdmodellen ist die Hitze unter Umständen so hoch, dass der Einkochgummi schmelzen kann. Wer trotzdem den Backofen zum Einkochen verwenden will, sollte sich unbedingt an die Herstellervorgaben halten.

Einkochen im Schnellkochtopf oder im Mikrowellenofen

Das Einkochen im Schnellkochtopf oder in der Mikrowelle sind ebenfalls nicht zu empfehlen, da eine genau regulierbare Temperatur nicht möglich ist. Auch der Platz darin ist sehr beschränkt. Bei der Mikrowelle ist außerdem darauf zu achten, dass man mikrowellengeeignete Klammern verwendet. Wer den Schnellkochtopf oder die Mikrowelle dennoch zum Einkochen verwenden will, sollte sich auch hier strikt an die Herstellervorgaben halten.

Einkochen im Einkochtopf

Die beste Methode ist das Einkochen im Einkochtopf. Dieser verfügt über ein herausnehmbares Metallgitter und ein Thermometer, mit dem man die Temperatur überprüfen kann. Die Gläser werden nach dem Befüllen auf das Metallgitter gestellt. Dann wird der Topf mit Wasser befüllt, sodass die Gläser zu zwei Dritteln im Wasser stehen. Rundrandgläser können dabei sogar gestapelt werden. Die Wassertemperatur sollte beim Befüllen der Temperatur des Glasinhalts entsprechen. Schließen Sie nun den Topfdeckel, stecken Sie das Thermometer durch die dafür vorgesehene Öffnung und stellen Sie den Topf auf den Herd. Komfortabler sind jedoch Einkochautomaten mit integriertem Thermostatregler, die direkt an das Stromnetz angeschlossen werden. Ist die richtige Einkochtemperatur erreicht (siehe Tabelle ganz hinten im Buch), beginnt die eigentliche Einkochzeit. Temperatur und Einkochzeit sollten während des Einkochvorgangs kontrolliert werden. Ist die Einkochzeit beendet, werden die Gläser aus dem Topf genommen und bei Zimmertemperatur auf einem feuchten Tuch und mit einer Decke zugedeckt abgekühlt.

Erst nach vollständiger Abkühlung der Gläser die Klammern abnehmen und durch ein leichtes Anfassen des Deckels prüfen, ob dieser fest auf dem Glas sitzt. Aufbewahrt werden die gefüllten Einmachgläser idealerweise in einem kühlen, aber frostfreien und dunklen Raum.

Vorbereitung des Einkochgutes

Zum Einkochen dürfen nur einwandfreie Früchte oder Gemüse ohne Druckstellen verwendet werden. Die Früchte und Gemüse werden gewaschen und gewogen. Anschließend werden alle Zutaten gemäß Rezept in die sauberen und sterilisierten Einkochgläser gefüllt. Dabei sollten Sie darauf achten, dass Glasrand, Deckel und Gummiring sauber bleiben. Am besten verwenden Sie einen Einfülltrichter. Die Deckel werden zugeschraubt bzw. der Gummiring auf den Deckel gesetzt und das Glas wird damit verschlossen. Beim Verwenden von Einmachgläsern anschließend die Klammern aufsetzen und dabei darauf achten, dass der Gummiring nicht verschoben wird.

Die gefüllten Gläser werden so in den Einkochtopf gesetzt, dass sie sich nicht verkeilen können. Idealerweise stehen die Gläser auf einer Drahtunterlage. Alternativ kann man auch ein Handtuch auf den Topfboden legen und die Gläser daraufstellen.

Botulismus – was ist das?

Das natürliche Verderben von Obst, Gemüse und Fleisch wird durch Mikro-Organismen verursacht, die sich in den Nahrungsmitteln oder auch in der Luft befinden. Beim Einkochen werden in der Regel alle diese Mikro-Organismen durch das Erhitzen abgetötet. Ist dies nicht der Fall und der Inhalt ist verdorben, so ist der lose aufliegende Deckel ein deutliches Warnsignal. Der Glasinhalt muss entsorgt werden. Um das zu erkennen, ist es wichtig, die Klammer nach dem Erkalten abzunehmen. Dies ist auch gleichzeitig der Nachteil von Twist-Off-Gläsern oder Gläsern mit Bügelverschluss. Hier lässt sich verdorbener Glasinhalt unter Umständen nicht eindeutig erkennen.

Botulismus ist eine Vergiftung, die durch das Bakterium Clostridium botulinum ausgelöst wird und lebensgefährliche Muskellähmungen verursacht. Botulismus tritt zwar sehr selten auf, aber wenn man daran erkrankt, ist die Sterblichkeitsrate sehr hoch. Meist ist säurearmes Gemüse und Fleisch von dem bakteriellen Befall betroffen. Das Botulismus-Bakterium wird bei einer Temperatur von 100 °C abgetötet, aber seine Sporen können dieser Temperatur mehrere Stunden widerstehen.

Was kann ich vorbeugend tun?

Leider lässt sich ein Befall oft nicht am Geschmack oder optisch erkennen, da das Bakterium keine Gase bildet. Der Säuregehalt des Lebensmittels hat einen entscheidenden Einfluss auf die Widerstandskraft des Bakteriums. Das Bundeszentrum für Ernährung empfiehlt, Fleisch oder Gemüse grundsätzlich zweimal einzukochen. Das zweite Erhitzen nach mindestens 24 Stunden zerstört eventuell erneut ausgekeimte Sporen.

Birnen

Bei Birnen spielt der Reifegrad eine große Rolle: Sind sie noch hart und unreif, so haben sie zu wenig Aroma und Saft. Überreife Birnen hingegen sind oft kurz vor dem Verderben. Achten Sie deshalb genau darauf, dass die Früchte zwar reif, aber noch fest sind.

ZUTATEN

(für ca. 2 Liter Einmachgut)

2 kg Birnen
3 EL Zitronensaft
250 ml Weißwein
500 g Zucker
2 Zimtstangen

ZUBEREITUNG

1. Die Birnen schälen, vierteln und das Kerngehäuse entfernen. Die Birnenviertel mit dem Zitronensaft beträufeln.

2. Den Weißwein mit 1 Liter Wasser, dem Zucker und den Zimtstangen vermischen und aufkochen. Die Birnen dazugeben und kurz aufkochen lassen.

3. In die sterilisierten Gläser füllen, wobei die Birnen mit dem Sud bedeckt sein sollen, und sofort verschließen. Im Einkochapparat 30 Minuten bei 90 °C einkochen.

TIPP:
Damit die Birnenviertel während der weiteren Vorbereitung nicht braun werden, mischt man Wasser und Zitronensaft in einer Schüssel und gibt die Fruchtstücke hinein. So kann man sie bequem längere Zeit aufbewahren.

Achtung Botulismus (s. S. 41)

Aprikosen

Mit ihrem feinen Aroma ist die Aprikose eine sehr beliebte Frucht zum Einmachen. Kleine, süße Früchte können im Ganzen und ungeschält eingemacht werden, größere Früchte sollten besser geschält und halbiert werden. Aprikosen können Sie sowohl gekocht als auch roh einmachen.

ZUTATEN
(für ca. 2 Liter Einmachgut)
500 g Zucker
1 kg Aprikosen

ZUBEREITUNG mit rohen Aprikosen

1. Den Zucker in 1 Liter kochendem Wasser auflösen und leicht einkochen lassen.
2. Die Aprikosen waschen, halbieren und entkernen.
3. Die Aprikosenhälften dicht an dicht in die sterilisierten Gläser setzen und den Sirup darübergießen (bis ca. 2 cm unter den Rand). Die Gläser verschließen und im Einkochapparat 30 Minuten bei 90 °C einkochen.

ZUBEREITUNG mit gekochten Aprikosen

1. Den Zucker in 1 Liter kochendem Wasser auflösen und leicht einkochen lassen.
2. Die Aprikosen blanchieren: Die Früchte für ca. 2 Minuten in kochendes Wasser legen und anschließend kalt abschrecken.
3. Mit einem spitzen Messer die Haut einritzen und abziehen. Die geschälten Aprikosen halbieren und entkernen.
4. Die Hälften in Stücke schneiden, diese in den Sirup geben und einige Minuten köcheln lassen.
5. Die Aprikosen mit dem Sirup in die sterilisierten Gläser bis ca. 2 cm unter den Rand füllen. Die Gläser verschließen und im Einkochapparat 30 Minuten bei 90 °C einkochen.

TIPP:
Schichten Sie die rohen Aprikosenhälften so in die Gläser, dass die Wölbung nach außen zeigt. So wird der Platz gut genutzt und es sieht zudem besser aus.

Achtung Botulismus (s. S. 41)

Achtung Botulismus (s. S. 41)

Erdbeeren

Die süßen roten Beeren sollten zum Einkochen noch möglichst fest sein. Da sie Oxalsäure enthalten, sind sie besser verträglich, wenn sie zuvor blanchiert werden. Dafür gibt man sie in ein Sieb und taucht sie ca. 30 Sekunden in kochendes Wasser. Dabei bleiben sowohl die Farbe als auch der Vitamingehalt erhalten.

ZUTATEN

(für ca. 2 Gläser à 750 ml)
1,5 kg Erdbeeren
350 g Einmachzucker
2 EL Zitronensaft

ZUBEREITUNG

1. Die Erdbeeren mit Wasser abbrausen, verlesen und den Stiel mit den Kelchblättern vorsichtig herausdrehen.

2. 1 kg Erdbeeren abwiegen und in die sterilisierten Gläser verteilen. Dabei die Früchte dicht an dicht setzen, ohne sie zu drücken.

3. Den Zucker mit 500 ml Wasser und den restlichen Erdbeeren aufkochen und ca. 5 Minuten sprudelnd kochen lassen. Die Mischung durch ein Sieb in eine Schüssel abgießen und mit dem Zitronensaft verrühren.

4. Den Sirup in die sterilisierten Gläser füllen, sodass die Erdbeeren mit dem Sud bedeckt sind, und sofort verschließen. Im Einkochapparat 30 Minuten bei 90 °C einkochen.

Heidelbeeren

Heidelbeeren gelten als Muntermacher fürs Immunsystem: Sie enthalten vor allem die Vitamine C und B sowie Magnesium und Eisen. Ihre sekundären Pflanzenstoffe und Antioxidantien sind Freie-Radikalen-Fänger und schützen so unsere Zellen. Zusammen mit der Tatsache, dass sie unvergleichlich gut schmecken, sind das viele Gründe, um die kleinen blauen Beeren zu konservieren.

ZUTATEN

(für ca. 6 Gläser à 250 ml)

1,2 kg Heidelbeeren
400 g Zucker
2 EL Zitronensaft

ZUBEREITUNG

1. Die Heidelbeeren waschen, verlesen und gut abtropfen lassen.

2. Zusammen mit dem Zucker und dem Zitronensaft in einem großen Topf vermischen und ca. 30 Minuten ruhen lassen.

3. Alles kurz aufkochen und noch heiß in die sterilisierten Gläser füllen. Die Gläser sofort fest verschließen und im Einkochapparat 30 Minuten bei 90 °C einkochen.

TIPP:
Falls Sie wilde Heidelbeeren sammeln möchten, sollten Sie Folgendes beachten: Waschen Sie die Beeren gründlich vor der Verwendung und essen Sie sie auf keinen Fall roh (Fuchsbandwurm, s. S. 31). Achten Sie auch darauf, nicht in Naturschutzgebieten zu sammeln.

Johannisbeeren

Sowohl rote als auch schwarze oder weiße Johannisbeeren sind zum Einkochen gut geeignet. Sie enthalten jede Menge Vitamine und Mineralstoffe, wie zum Beispiel Vitamin C, Kalium, Eisen und Folsäure. Allerdings ist in einigen Sorten auch der Fruchtsäuregehalt sehr hoch, was für empfindliche Mägen weniger angenehm ist. Hier hilft es, die Beeren vor dem Einkochen zu blanchieren.

ZUTATEN

(für ca. 2 Liter Einmachgut)
1 kg Johannisbeeren
700 g Zucker

Achtung Botulismus (s. S. 41)

ZUBEREITUNG

1. Die Johannisbeeren waschen, verlesen und mit einer Gabel von den Rispen abstreifen.

2. Den Zucker in 1 Liter kochendem Wasser auflösen und leicht einkochen lassen. Die Johannisbeeren in die sterilisierten Gläser füllen und den Zuckersirup darübergießen.

3. Die Gläser sofort fest verschließen und im Einkochapparat 30 Minuten bei 90 °C einkochen.

Kirschen

Zum Einkochen eignen sich sowohl Süß- als auch Sauerkirschen. Wichtig ist bei beiden Sorten, dass sie reif sind und festes Fleisch haben. Vorteilhaft sind außerdem dunkle Kirschsorten, da die hellen beim Einkochen an Farbe verlieren und dann sehr blass aussehen.

ZUTATEN

(für ca. 2 Liter Einmachgut)

1 kg Süßkirschen
300 g Zucker

ZUBEREITUNG

1. Die Kirschen waschen, verlesen und entstielen.

2. Den Zucker in 1 Liter kochendem Wasser auflösen und leicht einkochen lassen.

3. Die Kirschen möglichst dicht in die sterilisierten Gläser füllen und den Zuckersirup darübergießen. Die Gläser sofort fest verschließen und im Einkochapparat 30 Minuten bei 90 °C einkochen.

HINWEIS:

Die oben angegebene Menge Zucker gilt für Süßkirschen. Für Sauerkirschen sollten Sie die Zuckermenge auf 700 g pro Liter Wasser erhöhen.

TIPP:
In manchen Jahren enthalten Süßkirschen besonders häufig Maden. Um diese zu entfernen, können Sie die verlesenen und entstielten Kirschen in eine Schüssel mit kaltem Wasser legen. Nach einiger Zeit schwimmen die Maden oben und können abgeschöpft werden.

Achtung Botulismus (s. S. 41)

Mirabellen

Mirabellen sind eine Unterart der Pflaumen. Bei ihnen ist es besonders wichtig, dass sie die richtige Reife besitzen: Sie sollten zwar schon goldgelb sein, aber noch nicht weich.

ZUTATEN

(für ca. 2 Liter Einmachgut)
1 kg Mirabellen
400 g Zucker

ZUBEREITUNG

1. Die Mirabellen waschen, verlesen und entstielen.

2. Den Zucker in 1 Liter kochendem Wasser auflösen und leicht einkochen lassen.

3. Die Mirabellen möglichst dicht in die sterilisierten Gläser füllen und den Zuckersirup darübergießen. Die Gläser sofort fest verschließen und im Einkochapparat 30 Minuten bei 90 °C einkochen.

Mirabellenkompott

ZUTATEN

(für ca. 2 Gläser à 500 ml)
1,5 kg Mirabellen
250 g Zucker

ZUBEREITUNG

1. Die Mirabellen waschen und entsteinen. Mit dem Zucker vermischen, unter ständigem Rühren zum Kochen bringen und kurz aufkochen. Dann abkühlen lassen.

2. Das Kompott in die sterilisierten Gläser füllen, fest verschließen und im Einkochapparat 30 Minuten bei 90 °C einkochen.

Achtung Botulismus *(s. S. 41)*

TIPP:
Damit sich nach dem Einkochen kein weißlicher Belag auf den Früchten bildet, empfiehlt es sich, die entstielten Mirabellen vor dem Abfüllen in Gläser in ein Sieb zu geben und kurz in kochendes Wasser zu tauchen.

Pflaumen

Die rundliche Pflaume lässt sich – im Gegensatz zu ihrer länglichen Schwester, der Zwetschge – recht schwer entkernen. Lassen Sie sich davon nicht entmutigen, denn die Mühe lohnt sich!

ZUTATEN

(für ca. 2 Gläser à 750 ml)
1,5 kg Pflaumen
250 g Zucker

ZUBEREITUNG

1. Die Pflaumen waschen, halbieren und entsteinen. Den Zucker in 1 Liter kochendem Wasser auflösen und leicht einkochen lassen.

2. Die Pflaumen möglichst dicht in die sterilisierten Gläser füllen und den Zuckersirup darübergießen. Die Gläser sofort fest verschließen und im Einkochapparat 30 Minuten bei 90 °C einkochen.

Achtung Botulismus (s. S. 41)

Rotwein-Pflaumen

ZUTATEN

(für ca. 3 Gläser à 500 ml)
1,2 kg Pflaumen
400 ml Rotwein
400 g Zucker
½ Zimtstange

ZUBEREITUNG

1. Die Pflaumen waschen, halbieren und entsteinen.

2. In einem großen Topf den Rotwein mit dem Zucker vermischen und die Zimtstange dazugeben. Die Pflaumenhälften ebenfalls hinzufügen und alles ca. 10 Minuten kochen.

3. Die Pflaumen mit dem Sud noch heiß in die sterilisierten Gläser füllen, fest verschließen und im Einkochapparat 30 Minuten bei 90 °C einkochen.

Achtung Botulismus (s. S. 41)

TIPP:
Um Essig-Zwetschgen einzukochen, benötigen Sie für 3 Gläser à 500 ml 1,2 kg Zwetschgen, 600 g Zucker, 1 l Weinessig, jeweils 1 Msp. gemahlene Nelken und Zimt. Die Schritte 1 und 3 sind identisch. Bei Schritt 2 wird der Zucker mit dem Weinessig und den Gewürzen in einem großen Topf vermischt. Alles zum Kochen bringen und leicht einkochen lassen.

Zwetschgen

Da Zwetschgen nicht nur sehr saftig sind, sondern sich auch problemlos entkernen lassen, sind sie als Kuchenbelag äußerst beliebt. Eine besonders pikante Variante sind Essig-Zwetschgen: Sie schmecken als Beilage zu Süßem und zu Salzigem.

ZUTATEN

(für ca. 3 Gläser à 500 ml)
1,5 kg Zwetschgen
300 g Zucker
1 Sternanis
1 Zimtstange
3 Nelken

ZUBEREITUNG

1. Die Zwetschgen waschen, halbieren und entsteinen. In die sterilisierten Gläser einschichten.

2. Den Zucker in 1 Liter kochendem Wasser auflösen und zusammen mit den grob zerkleinerten Gewürzen leicht einkochen lassen.

3. Den Zuckersirup durch ein Sieb über die Zwetschgen gießen. Die Gläser sofort fest verschließen und im Einkochapparat 30 Minuten bei 90 °C einkochen.

Stachelbeeren

Es gibt grüne und rote Stachelbeeren, die gleichermaßen zum Einkochen geeignet sind. Dabei verlieren sie aber ihre Farbe, weshalb viele es vorziehen, noch unreife grüne Beeren zu verarbeiten. Hier bleibt die Farbe nämlich erhalten. Allerdings erhöhen sich sowohl die Kochzeit um ca. 5 Minuten als auch die Menge des Zuckers um ca. 100 g.

ZUTATEN

(für ca. 2 Liter Einmachgut)
1,2 kg rote Stachelbeeren
500 g Zucker

ZUBEREITUNG

1. Die Stachelbeeren waschen und putzen. Bis ca. 2 cm unter den Rand in die sterilisierten Gläser füllen.
2. Den Zucker in 1 Liter kochendem Wasser auflösen und leicht einkochen lassen.
3. Den Zuckersirup über die Stachelbeeren gießen, sodass sie vollständig bedeckt sind. Die Gläser sofort fest verschließen und im Einkochapparat 30 Minuten bei 90 °C einkochen.

TIPP:
Stachelbeeren müssen zum Einmachen nicht voll ausgereift sein. Wer die Früchte gerne säuerlich verspeist, erntet sie halbreif. Das hat den Vorteil, dass ein überreich besetzter Stachelbeerstrauch ein wenig entlastet wird und die restlichen Früchte in aller Ruhe ausreifen können.

Achtung Botulismus (s. S. 41)

Brombeeren

Die aromatischen blauschwarzen Beeren enthalten zahlreiche Vitamine und Mineralstoffe. Während der Saison, ab Juli, können sie in Parks, an Ackerrändern oder im Wald gesammelt werden. Die empfindlichen Früchte sollten möglichst bald verarbeitet werden, da sie schnell verderben.

ZUTATEN

(für ca. 2 Liter Einmachgut)
1,2 kg Brombeeren
500 g Zucker

ZUBEREITUNG

1. Die Brombeeren unter fließendem Wasser vorsichtig abbrausen und verlesen.

2. Den Zucker in 1 Liter kochendem Wasser auflösen und leicht einkochen lassen.

3. Die Brombeeren in die sterilisierten Gläser füllen und den Zuckersirup darübergießen. Die Gläser sofort fest verschließen und im Einkochapparat 30 Minuten bei 90 °C einkochen.

TIPP:
Eine besondere Spezialität sind süßsaure Brombeeren: Statt der Zuckerlösung kochen Sie 400 ml Weißweinessig mit 500 g Zucker, einigen Scheiben frischem Ingwer, 2 Gewürznelken und 1 grob zerkleinerten Zimtstange auf. Lassen Sie das Ganze einige Minuten köcheln und gießen Sie diesen Sud dann durch ein Sieb über die Brombeeren.

Achtung Botulismus (s. S. 41)

Rhabarber

Die saftig-sauren Stangen des Rhabarbers sind das erste Gartengemüse im Jahr. Sie werden möglichst im April und im Mai geerntet, wenn ihr Oxalsäuregehalt noch nicht so hoch ist. Je später man Rhabarber erntet, desto mehr Oxalsäure enthält er. Generell gilt: Rhabarber sollte vor dem Einkochen immer blanchiert oder gekocht werden, um den Oxalsäuregehalt zu reduzieren.

ZUTATEN

(für ca. 4 Gläser à 500 ml)
1,5 kg Rhabarber
500 g Zucker

Achtung Botulismus *(s. S. 41)*

TIPP:
Fügen Sie dem Sud vor dem Kochen 1 Esslöffel geriebenen Ingwer, 1 Esslöffel Zitronensaft und 1 Zimtstange hinzu. Das verleiht dem Rhabarber eine ganz besondere würzig-pikante Note.

ZUBEREITUNG

1. Den Rhabarber waschen, putzen und die Fäden abziehen. Die Stangen in Stücke schneiden.

2. Den Zucker in 1 Liter kochendem Wasser auflösen. Die Rhabarberstücke dazugeben und aufkochen lassen. Die Stücke mit einem Schaumlöffel herausnehmen und in die sterilisierten Gläser füllen.

3. Den Sud einige Minuten einkochen lassen und dann noch heiß über den Rhabarber gießen, sodass er vollständig bedeckt ist. Die Gläser sofort fest verschließen und im Einkochapparat 30 Minuten bei 90 °C einkochen.

Apfelmus

Äpfel sind nicht nur die beliebteste Obstsorte, sie verfügen auch über viele Vitamine, Mineralstoffe und Spurenelemente, die sie so gesund machen. Nicht umsonst heißt es seit jeher: „Ein Apfel am Tag, den Arzt gespart." Da 70 Prozent der Vitamine in oder direkt unter der Schale sitzen, sollten Sie Äpfel, wenn sie roh gegessen werden, möglichst nicht schälen.

ZUTATEN

(für ca. 2 Gläser à 500 g)
1,2 kg Äpfel
1 EL Zitronensaft
150 g Zucker

Achtung Botulismus *(s. S. 41)*

ZUBEREITUNG

1. Die Äpfel waschen, abtrocknen und schälen.

2. Die geschälten Äpfel in Viertel schneiden und das Kerngehäuse entfernen.

3. Die Äpfel mit 125 ml Wasser und dem Zitronensaft zum Kochen bringen und ca. 10 Minuten garen.

4. Die gekochten Äpfel mit dem Schneebesen zu Mus verrühren. Dabei den Zucker untermischen.

5. Das Apfelmus in die sterilisierten Gläser füllen, fest verschließen und im Einkochapparat 30 Minuten bei 90 °C einkochen.

DAS PASST DAZU:

Apfelmus oder Apfelkompott sind die perfekte Beilage zu Kartoffelpuffern. Dazu bereiten Sie für 2 Personen einen Teig aus 500 g roh geriebenen Kartoffeln, einer klein geschnittenen Zwiebel, einem Ei, 2 Esslöffeln Haferflocken, etwas Majoran, Muskat, Salz und Pfeffer zu. In heißem Pflanzenfett werden dann nach und nach flache Puffer ausgebraten.

TIPP:
Das Apfelmus kann man vor dem Verzehr nach Belieben noch verfeinern, z. B. mit Zimt oder Rosinen.

Apfelsorten

Den Klassiker unter den Früchten gibt es in vielen Sorten. Außer den gängigen, wie Golden Delicious oder Jonagold, findet man heute wieder zunehmend auch alte Sorten auf den Märkten. Es lohnt sich, diese zu probieren, da sie in der Regel sehr aromatisch sind. Auch für Allergiker sind die alten Apfelsorten oft verträglicher als die Neuzüchtungen.

Für Apfelmus eignen sich eher weiche, mürbe Apfelsorten, wie z. B. Boskop oder Jonagold. Für Kompott nimmt man besser saftige, knackige Äpfel, wie z. B. Elstar oder Gravensteiner.

BOSKOP
Saftiger, säuerlich schmeckender Apfel mit hohem Vitamin-C-Gehalt und guter Lagerfähigkeit. Gilt als klassischer Backapfel.

BRAEBURN
Beliebter Tafelapfel mit süß-herbem Aroma und knackigem Fruchtfleisch.

COX ORANGE
Aromatischer Apfel mit einem ausgewogenen Verhältnis von Säure und Süße und festem Fruchtfleisch.

GRAVENSTEINER
Alte, besonders wohlschmeckende und saftige Apfelsorte mit gelblichem Fruchtfleisch.

KAISER WILHELM
Alte, robuste und sehr saftige Apfelsorte mit weißgelblichem Fruchtfleisch und angenehmer Säure.

ELSTAR
Saftiger, leicht säuerlich schmeckender Allround-Apfel mit festem, weißgelbem Fruchtfleisch.

Schokoladenkuchen

Kuchen im Glas ist lange haltbar (mindestens 6 Monate), sieht gut aus und man ist immer für überraschenden Besuch gewappnet. Verwenden Sie zum Einkochen nur sogenannte Sturzgläser, die sich nach unten verjüngen, damit der Kuchen später gut entnommen werden kann. Auch sollten Sie darauf achten, das Glas nur bis zur Hälfte zu füllen, da der Teig beim Backen noch aufgeht. Es ist empfehlenswert, die Gläser zuerst in den Einkochapparat zu stellen und zu beschweren, bevor Sie das Wasser hineinfüllen. Sie sind sehr leicht und könnten sonst aufsteigen.

ZUTATEN

(für ca. 7 Gläser à 370 ml)

- 150 g Schokolade
- 250 g weiche Butter oder Margarine
- 200 g Zucker
- 1 Päckchen Vanillezucker
- 4 Eier
- 250 g Mehl
- 1 Päckchen Backpulver
- 2 EL Kakaopulver
- 125 ml Milch

ZUBEREITUNG

1. Die Gläser mit etwas weicher Margarine ausstreichen. Die Schokolade grob hacken. Den Backofen auf 180 °C (Umluft 160 °C) vorheizen.

2. Die Butter mit dem Zucker und dem Vanillezucker gut verrühren. Nach und nach die Eier dazugeben und alles schaumig rühren. Das Mehl mit dem Backpulver vermischen und zusammen mit dem Kakao und der Milch untermischen. Die gehackte Schokolade unter den Teig heben.

3. Den Teig in die Gläser füllen und die offenen Gläser im vorgeheizten Backofen ca. 40 Minuten backen. Die Gläser etwas abkühlen lassen, dann fest verschließen und im Einkochapparat 30 Minuten bei 100 °C einkochen.

Achtung Botulismus (s. S. 41)

Marmorkuchen

ZUTATEN

(für ca. 7 Gläser à 500 ml)

375 g weiche Butter
300 g Zucker
1 Päckchen Vanillezucker
1 Prise Salz
6 Eier
600 g Mehl
150 g Speisestärke
1 TL Backpulver
150 ml Milch
3 EL Kakaopulver

TIPP:
Sie können anstelle der Milch auch süße Sahne verwenden.

ZUBEREITUNG

1. Die Gläser mit etwas weicher Butter ausstreichen. Den Backofen auf 180 °C (Umluft 160 °C) vorheizen.

2. Die Butter mit dem Zucker, dem Vanillezucker und dem Salz gut verrühren. Nach und nach die Eier dazugeben und alles schaumig rühren. Das Mehl mit der Speisestärke und dem Backpulver vermischen und über die Masse sieben. Gut verrühren und so viel von der Milch hinzufügen, dass der Teig schwer reißend vom Löffel fällt.

3. Die Hälfte des Teiges mit dem Kakaopulver vermischen und evtl. noch etwas Milch unterrühren. Jeweils eine Schicht hellen und eine Schicht dunklen Teig in die Gläser füllen und mit einer Gabel beide Schichten spiralförmig vermischen. Die offenen Gläser im vorgeheizten Backofen 45–50 Minuten backen.

4. Die abgekühlten Gläser fest verschließen und im Einkochapparat 30 Minuten bei 100 °C einkochen.

Achtung Botulismus (s. S. 41)

Kleine Obstböden

Perfekt für die Vorratshaltung sind die eingekochten Obstböden. Vor allem während der Saison für frisches Obst haben Sie damit schnell eine Basis für köstliche Obsttörtchen zur Hand. Der Kuchen wird im Ganzen gebacken, zur Verwendung aus dem Glas gestürzt und in beliebig dicke Scheiben geschnitten – Obst darauf, fertig!

ZUTATEN

(für ca. 3 Gläser à 850 ml)

6 Eier
200 g Zucker
2 Päckchen Vanillezucker
100 g Mehl
100 g Kartoffelstärke
1 Päckchen Backpulver
100 g zerlassene Margarine

ZUBEREITUNG

1. Die Gläser mit etwas weicher Margarine ausstreichen. Den Backofen auf 180 °C (Umluft 160 °C) vorheizen.

2. Die Eier mit dem Zucker und dem Vanillezucker schaumig rühren. Das Mehl und die Kartoffelstärke mit dem Backpulver vermischen, über die Schaummasse sieben und vorsichtig unterziehen. Die zerlassene, etwas abgekühlte Margarine unter den Teig heben.

3. Den Teig in die Gläser füllen und die offenen Gläser im vorgeheizten Backofen 40–50 Minuten backen. Dann die Gläser etwas abkühlen lassen, fest verschließen und im Einkochapparat 30 Minuten bei 100 °C einkochen.

Achtung Botulismus (s. S. 41)

TIPP:
Sie können die Heidelbeeren auch problemlos durch eine andere Beerensorte Ihrer Wahl ersetzen, z. B. durch Johannisbeeren oder Himbeeren.

Achtung Botulismus (s. S. 41)

Heidelbeerkuchen

ZUTATEN

(für ca. 10 Gläser à 290 ml)
200 g Margarine (z. B. von Sanella)
200 g Zucker
1 Prise Salz
4 Eier
300 g Mehl
2 TL Backpulver
100 ml Milch
50 g kernige Haferflocken
125 g Heidelbeeren

ZUBEREITUNG

1. Die Gläser mit etwas weicher Margarine ausstreichen. Den Backofen auf 180 °C (Umluft 160 °C) vorheizen.

2. Die zimmerwarme Margarine mit dem Zucker und dem Salz cremig rühren. Die Eier nach und nach dazugeben und alles schaumig schlagen. Das Mehl mit dem Backpulver vermischen und mit der Milch unter den Teig rühren. Die Haferflocken unterrühren. Zum Schluss die Heidelbeeren vorsichtig unter den Teig heben.

3. Den Teig in die Gläser füllen und die offenen Gläser im vorgeheizten Backofen 40–50 Minuten backen. Dann die Gläser etwas abkühlen lassen, fest verschließen und im Einkochapparat 30 Minuten bei 100 °C einkochen.

Buschbohnen

Bohnen sind eine der beliebtesten Gemüsesorten zum Einkochen. Die Weiterverarbeitungsmöglichkeiten sind vielfältig und reichen von Salaten bis hin zur Verwendung in Eintöpfen. Wir verwenden Buschbohnen zum Einkochen, Sie können diese aber auch durch Stangenbohnen ersetzen.

ZUTATEN

(für ca. 4 Gläser à 850 ml)
2 kg Buschbohnen
4 Stängel Bohnenkraut
2 EL Salz

ZUBEREITUNG

1. Die Bohnen waschen und putzen. Die Enden abschneiden, dabei die Fäden mit abziehen und die Bohnen halbieren. Das Bohnenkraut waschen und trocken schütteln.

2. Das Salz in 2 Litern Wasser auflösen und aufkochen, dann etwas abkühlen lassen.

3. Die Bohnen in die sterilisierten Gläser füllen, je einen Stängel Bohnenkraut dazugeben und das Salzwasser darübergießen. Die Gläser fest verschließen und im Einkochapparat 120 Minuten bei 100 °C einkochen.

4. Die Gläser mindestens 24 Stunden ruhen lassen und dann erneut im Einkochapparat 120 Minuten bei 100 °C einkochen.

Achtung Botulismus (s. S. 41)

Erbsen

Dieses zarte Frühlingsgemüse bereitet zwar beim Enthülsen einige Arbeit, aber die Mühe lohnt sich: Eingemachte Erbsen sind ein ganz besonderer Genuss. Der zugesetzte Zucker unterstreicht ihre natürliche Süße.

ZUTATEN

(für ca. 2 Liter Einmachgut)
ca. 3 kg Erbsen
175 g Zucker

ZUBEREITUNG

1. Die Erbsen enthülsen, waschen und in die sterilisierten Gläser füllen.

2. Den Zucker in 1 Liter Wasser auflösen und aufkochen. Die Zuckerlösung über die Erbsen gießen, die Gläser fest verschließen und im Einkochapparat 120 Minuten bei 100 °C einkochen.

3. Die Gläser mindestens 24 Stunden ruhen lassen und dann erneut im Einkochapparat 120 Minuten bei 100 °C einkochen.

Achtung Botulismus (s. S. 41)

TIPP:
Geben Sie zu den Erbsen einige klein geschnittene Minzeblätter und verleihen Sie den kleinen grünen Perlen dadurch das gewisse Etwas.

Gurken

Der Klassiker unter dem Einmachgemüse! Würzige Essiggurken dürfen auf keiner kalten Platte fehlen und passen hervorragend zu allerlei pikanten Speisen. Zum Einmachen eignen sich vor allem die sogenannten Einlegegurken: Sie sind kleiner als Salatgurken und haben eine feste Schale mit einer fast noppigen Oberfläche. Einlegegurken wachsen in der Regel im Freiland und werden – wie der Name schon sagt – speziell zum Einlegen angebaut.

ZUTATEN

(für ca. 7 Gläser à 850 ml)

4 kg Einlegegurken
4 kleine Zwiebeln
1 Bund Dill
1 TL Salz
1 EL Senfkörner
7 Lorbeerblätter
500 ml Essig
300 g Zucker

ZUBEREITUNG

1. Die Gurken unter fließendem Wasser abbürsten und trocken reiben. Die Zwiebeln abziehen und in Viertel schneiden. Den Dill waschen, trocken schütteln und grob zerkleinern.

2. Die Gurken zusammen mit den Zwiebeln, dem Dill und den Gewürzen in die sterilisierten Gläser füllen.

3. Den Essig und den Zucker mit 1,5 Litern Wasser aufkochen. Die Gurken mit der heißen Flüssigkeit übergießen, die Gläser fest verschließen und im Einkochapparat 30 Minuten bei 90 °C einkochen.

4. Die Gläser mindestens 24 Stunden ruhen lassen und dann erneut im Einkochapparat 30 Minuten bei 90 °C einkochen.

Achtung Botulismus (s. S. 41)

Senfgurken

Für diese pikante Spezialität eignen sich auch Schlangengurken. Wichtig ist vor allem, dass die Gurken schon reif, aber noch fest sind.

ZUTATEN

(für ca. 3 Gläser à 850 ml)

2 kg Gurken
2 EL Salz
9 sehr kleine Zwiebelchen
3 EL Senfkörner
400 ml Essig

ZUBEREITUNG

1. Die Gurken schälen und halbieren. Die Kerne mit einem Löffel herausschaben und anschließend die Gurkenhälften in gleichmäßige längliche Stücke schneiden. Mit dem Salz bestreuen und einige Stunden ziehen lassen.

2. Die Gurken abwaschen und zusammen mit den Zwiebelchen und den Senfkörnern in die sterilisierten Gläser füllen.

3. Den Essig mit 800 ml Wasser aufkochen. Die Gurken mit der heißen Flüssigkeit übergießen, die Gläser fest verschließen und im Einkochapparat 30 Minuten bei 90 °C einkochen.

4. Die Gläser mindestens 24 Stunden ruhen lassen und dann erneut im Einkochapparat 30 Minuten bei 90 °C einkochen.

TIPP:
Nach Belieben können Sie noch etwas klein gehackten Knoblauch hinzufügen.

Achtung Botulismus (s. S. 41)

Achtung Botulismus (s. S. 41)

TIPP:
Wenn Sie die Karotten im Ganzen einkochen, sollten Sie diese vorher ca. 5 Minuten vorkochen und dann mit kaltem Wasser abschrecken, damit sie ihre Farbe behalten. Außerdem müssen ganze Karotten länger eingekocht werden, nämlich 120 Minuten bei 100 °C.

Karotten

Zum Einkochen eignen sich vor allem junge Karotten, da diese besonders zart und aromatisch sind. Sie werden in Scheiben oder Würfel geschnitten und vor dem Einkochen blanchiert oder kurz gekocht. Kleine, schlanke Karotten können auch im Ganzen eingekocht werden.

ZUTATEN

(für ca. 2 Liter Einmachgut)
1,2 kg Karotten
1 EL Salz

ZUBEREITUNG

1. Die Karotten waschen, das Kraut entfernen und die Schale entweder mit einem kleinen Küchenmesser abschaben oder mit einem Sparschäler entfernen. Dann die Karotten in Scheiben oder Würfel schneiden, ca. 2 Minuten blanchieren und mit kaltem Wasser abschrecken.
2. Die Karotten in die sterilisierten Gläser füllen. 1 Liter Wasser mit dem Salz aufkochen und über die Karotten gießen, sodass diese vollständig bedeckt sind. Die Gläser fest verschließen und im Einkochapparat 90 Minuten bei 100 °C einkochen.
3. Die Gläser mindestens 24 Stunden ruhen lassen und dann erneut im Einkochapparat 90 Minuten bei 100 °C einkochen.

Achtung Botulismus (s. S. 41)

TIPP:
Da Rote Bete sehr stark färben, sollten Sie beim Schälen und Schneiden Haushaltshandschuhe tragen. Wenn Sie keine besitzen und Ihre Hände rot gefärbt sind, hilft es, sie sofort mit Zitronensaft abzureiben.

Rote Bete

Mit ihrem hohen Gehalt an Vitaminen, Eisen und Antioxidantien gehört die Rote Bete zu den besonders gesunden Gemüsesorten. Sie ist mit ihrem leicht erdigen, nussigen Aroma eine geschmackliche Ergänzung des Speiseplans – und punktet auch noch mit ihrer schönen, roten Optik.

ZUTATEN

(für ca. 2 Liter Einmachgut)

1,2 kg Rote Bete
2 Zwiebeln
300 ml Rotweinessig
1 TL Salz
4 Lorbeerblätter
4 Gewürznelken
einige Senf- und Pimentkörner
125 g Zucker

ZUBEREITUNG

1. Die Rote Bete waschen und die Blätter abdrehen. Nicht herausschneiden, da die Rote Bete sonst ausblutet! In einem großen Topf mit Salzwasser ca. 1 Stunde kochen, bis die Knollen weich sind, dann mit kaltem Wasser abschrecken.

2. Die Zwiebeln abziehen und in Ringe schneiden. Die Rote Bete schälen und in Scheiben schneiden.

3. In einem großen Topf 700 ml Wasser mit dem Rotweinessig, dem Salz, den Gewürzen und dem Zucker zum Kochen bringen und einige Minuten köcheln lassen.

4. Die Rote Bete mit den Zwiebelringen in die sterilisierten Gläser füllen und den Sud darübergießen. Die Gläser fest verschließen und im Einkochapparat 30 Minuten bei 100 °C einkochen. Die Gläser mindestens 24 Stunden ruhen lassen und dann erneut im Einkochapparat 30 Minuten bei 100 °C einkochen.

Kürbis

Zum Einkochen eignet sich jede Art von Speisekürbis. Wählen Sie bevorzugt solche Kürbisse, die ein zartes, faserarmes Fleisch aufweisen. Die Rezepte sind für die Verwendung von Kürbisfruchtfleisch bemessen, das bedeutet, dass die Kürbisse bereits geschält und entkernt sein müssen.

ZUTATEN

(für ca. 2 Liter Einmachgut)
1,5 kg Kürbisfruchtfleisch
1 Stück Ingwer
500 ml Weißweinessig
250 g Zucker

Achtung Botulismus *(s. S. 41)*

ZUBEREITUNG

1. Das Kürbisfruchtfleisch in Würfel schneiden und in einem großen Topf mit Wasser so lange kochen, bis es bissfest ist. Den Ingwer schälen und in Würfelchen schneiden.
2. In einem Topf 500 ml Wasser mit dem Weißweinessig und dem Zucker zum Kochen bringen und etwas einkochen lassen.
3. Die Kürbiswürfel abgießen, zusammen mit dem Ingwer in die sterilisierten Gläser füllen und den Sud darübergießen. Die Gläser fest verschließen und im Einkochapparat 30 Minuten bei 90 °C einkochen.
4. Die Gläser mindestens 24 Stunden ruhen lassen und dann erneut im Einkochapparat 30 Minuten bei 90 °C einkochen.

TIPP:
Süßsauer eingelegter Kürbis schmeckt ganz vorzüglich zu Bratkartoffeln, zu gegrilltem Fleisch oder zu Meerrettich-Soße.

Kürbissuppe

ZUTATEN

(für ca. 3 Gläser à 580 ml)
800 g Kürbisfruchtfleisch
1 Zwiebel
2 EL Pflanzenöl
3 TL Currypulver
800 ml Gemüsebrühe
Salz, Pfeffer

TIPP:
Generell dürfen eingekochte Suppen kein Mehl und kein anderes Bindemittel enthalten, da diese während der Lagerung durch Säuerung den Geschmack verderben können.

ZUBEREITUNG

1. Das Kürbisfruchtfleisch in Würfel schneiden. Die Zwiebel abziehen und klein würfeln. Beides im heißen Pflanzenöl anbraten und mit dem Currypulver bestäuben.

2. Die Gemüsebrühe dazugießen und alles 20–30 Minuten kochen lassen, bis der Kürbis weich ist. Dann mit einem Pürierstab zerkleinern und mit Salz und Pfeffer würzen.

3. Die Suppe bis 3 cm unter den Rand in die sterilisierten Gläser füllen, fest verschließen und im Einkochapparat 60 Minuten bei 100 °C einkochen.

4. Die Gläser mindestens 24 Stunden ruhen lassen und dann erneut im Einkochapparat 60 Minuten bei 100 °C einkochen.

Tomaten

Dieses Fruchtgemüse schmeckt am besten im Sommer, wenn es sonnengereift und aromatisch aus dem Garten kommt. Um diesen Geschmack für den Winter zu konservieren, lohnt es sich, Tomatensoße einzukochen. Damit wird jedes Nudelgericht im Handumdrehen zur Delikatesse!

Tomatensoße

Achtung Botulismus (s. S. 41)

ZUTATEN

(für ca. 4 Gläser à 580 ml)
3 kg reife Tomaten
2 Zwiebeln, 2 Knoblauchzehen
3–4 EL Olivenöl
Chilipulver, getrockneter Oregano
Salz, Pfeffer

Die Haut der Tomaten mit einem spitzen Messer einritzen.

ZUBEREITUNG

1. Die Tomaten waschen, vom Strunk befreien, häuten und in Würfel schneiden. Die Zwiebeln und die Knoblauchzehen abziehen und klein hacken.

2. Das Olivenöl in einem großen Topf erhitzen und die Zwiebeln und den Knoblauch darin kurz anbraten. Die Tomatenwürfel hinzufügen und mit etwas Chili, Oregano, Salz und Pfeffer würzen. Die Tomatensoße aufkochen und dann ca. 1 Stunde bei geringer Hitze einkochen lassen, dabei ab und zu umrühren.

3. Die Tomatensoße noch heiß in die sterilisierten Gläser füllen, fest verschließen und im Einkochapparat 30 Minuten bei 90 °C einkochen. Die Gläser mindestens 24 Stunden ruhen lassen und dann erneut im Einkochapparat 30 Minuten bei 90 °C einkochen.

Die Tomaten in einen Topf oder ein Schüssel geben und mit kochendem Wasser überrühen.

TIPP:
Wenn Sie auf die Ballaststoffe nicht verzichten möchten, können Sie die Tomaten auch mit der Haut einkochen.

Die aufgeplatzte Tomtenschale mit einem spitzen Messer abziehen.

Tomatensuppe

ZUTATEN

(für ca. 4 Gläser à 850 ml)

3 kg reife Tomaten
500 g Zwiebeln
3 Knoblauchzehen
1 kleine, mittelscharfe Chilischote
150 ml Olivenöl
100 g Tomatenmark
2,5 l Gemüsebrühe
1 EL frische Thymianblättchen
1 Prise Zucker
Salz, Pfeffer

ZUBEREITUNG

1. Die Tomaten waschen, vom Strunk befreien, häuten und in Würfel schneiden. Die Zwiebeln und die Knoblauchzehen abziehen und klein hacken. Die Chilischote der Länge nach halbieren, die Kerne entfernen und die Hälften fein würfeln.

2. Das Olivenöl in einem großen Topf erhitzen. Die Zwiebeln, den Knoblauch und den Chili darin kurz anbraten. Die Tomatenwürfel und das Tomatenmark hinzufügen und mit der Gemüsebrühe auffüllen. Mit den Thymianblättchen, Zucker, Salz und Pfeffer würzen, aufkochen und ca. 30 Minuten leicht köcheln lassen.

3. Die Tomatensuppe noch heiß in die sterilisierten Gläser füllen, fest verschließen und im Einkochapparat 60 Minuten bei 100 °C einkochen. Die Gläser mindestens 24 Stunden ruhen lassen und dann erneut im Einkochapparat 60 Minuten bei 100 °C einkochen.

TIPP:
Wenn Sie eine ganz besonders feine Suppe erhalten möchten, können Sie die Suppe vor dem Einkochen durch ein Haarsieb streichen.

Achtung Botulismus (s. S. 41)

Brühen

Eine Brühe, aus frischem Gemüse gekocht, ist immer eine gute Grundlage für allerlei Arten von Suppen oder Eintöpfen. Auch als Basis für Soßen oder zum Würzen von Nudel- oder Reisgerichten eignet sie sich bestens.

Gemüsebrühe

ZUTATEN

(für ca. 4 Gläser à 530 ml)
3 Bund Suppengemüse (Lauch, Karotten, Sellerie, Petersilienwurzel)
2 Zwiebeln
1 Bund Petersilie
3 EL Pflanzenöl
2 Lorbeerblätter
einige Senf- und Pimentkörner
Salz, Pfeffer

ZUBEREITUNG

1. Das Suppengemüse waschen, putzen und in grobe Stücke zerteilen. Die Zwiebeln abziehen und vierteln. Die Petersilie waschen, trocken schütteln und fein hacken.

2. Das Öl in einem großen Topf erhitzen. Das Gemüse und die Zwiebeln darin anbraten. Mit 2,5 Litern Wasser auffüllen, die Petersilie und die Gewürze hinzugeben und aufkochen lassen. Mit geschlossenem Deckel bei niedriger Hitze ca. 1 Stunde leicht köcheln lassen.

3. Alles durch ein feinmaschiges Sieb in einen Topf abgießen. Die Brühe noch heiß in die sterilisierten Gläser füllen, fest verschließen und im Einkochapparat 60 Minuten bei 100 °C einkochen.

4. Die Gläser mindestens 24 Stunden ruhen lassen und dann erneut im Einkochapparat 60 Minuten bei 100 °C einkochen.

TIPP:
Mit frischem, bissfest gekochtem Gemüse und einer Suppeneinlage, wie Nudeln oder Backerbsen, können Sie aus der Gemüsebrühe im Handumdrehen eine sättigende Mahlzeit zaubern.

Achtung Botulismus (s. S. 41)

TIPP:
Statt der Hühnerbrühe können Sie auf die gleiche Weise auch eine kräftige Rinderknochenbrühe herstellen: Nehmen Sie statt des Huhns 2 kg Rinder- und Markknochen und kochen Sie diese mit dem Gemüse und den Gewürzen ca. 2 Stunden lang aus.

Hühnerbrühe

ZUTATEN

(für ca. 4 Gläser à 530 ml)
1 Suppenhuhn
1 Bund Suppengemüse (Lauch, Karotten, Sellerie, Petersilienwurzel)
2 Zwiebeln
½ Bund Petersilie
3 Zweige Thymian
2 Lorbeerblätter
Salz, Pfeffer

Achtung Botulismus (s. S. 41)

ZUBEREITUNG

1. Das Suppenhuhn gut abwaschen und in einen ausreichend großen Topf legen. Das Suppengemüse waschen, putzen und in Stücke schneiden. Die Zwiebeln abziehen und vierteln. Die Petersilie und den Thymian waschen, trocken schütteln und fein hacken.
2. Das Huhn mit 2,5 Litern kaltem Wasser begießen und sämtliche anderen Zutaten dazugeben. Alles zum Kochen bringen und bei geringer Hitze ca. 1,5 Stunden köcheln lassen.
3. Das Huhn herausnehmen und die Brühe durch ein feinmaschiges Sieb in einen Topf oder eine Schüssel abgießen. Die Brühe noch heiß in die sterilisierten Gläser füllen, fest verschließen und im Einkochapparat 60 Minuten bei 100 °C einkochen.
4. Die Gläser mindestens 24 Stunden ruhen lassen und dann erneut im Einkochapparat 60 Minuten bei 100 °C einkochen.

Fermentieren

Konservieren durch Fermentieren

Milchgesäuertes war früher die wichtigste Vitaminquelle im Winter. Es wirkt immunstärkend, verdauungsfördernd, entzündungshemmend und ist gut für den Aufbau der Darmflora. Außerdem ist es oft verträglicher als Rohkost. Durch Wärme wird der im Gärgut enthaltene Zucker in Milchsäure umgewandelt – mit dem Ziel, dass sich die Milchsäurebakterien stärker vermehren als die anderen Bakterien, die sonst zum Verderben des Gärgutes führen würden. Die Steuerung dieses Prozesses erfolgt über die Temperatur, den Salzgehalt und die Verarbeitung. Je festfleischiger das Einlegegut ist, desto besser ist das Ergebnis, da die Faserstruktur beim Einlegen etwas weicher wird. Aber auch weiches Gärgut lässt sich einlegen.

So geht's

Frisches und einwandfreies Gärgut waschen, putzen, eventuell schälen und je nach Zubereitungsart zerkleinern. Je weicher das Einlegegut, desto größer dürfen die Stücke sein. Das Einlegegut wird mit den Händen oder einem Stampfer in ein Gefäß gedrückt. Dabei müssen sowohl die Hände als auch das Gefäß einwandfrei sauber sein. Als Gefäße eignen sich Einmachgläser und Bügelgläser mit Gummiring, Steinguttöpfe, spezielle Gärtöpfe oder -gläser.

Je nach Rezept wird das Einlegegut in Lagen geschichtet, denen immer etwas Salz zugegeben wird. Alternativ kann auch ein bereits gekochter Sud oder Lake verwendet werden. Abhängig von Rezept und Zutat wird das Gärgut kräftig angedrückt, gepresst oder gestampft. Wichtig ist dabei, dass das Gärgut zum Schluss gut mit Flüssigkeit bedeckt sein muss. Die Gefäße sollten bis maximal 2 cm unter dem Rand befüllt werden.

Damit das Gärgut in der Flüssigkeit bleibt, muss man es beschweren. Je nach Gefäß kann man einen Beschwerungsring, einen Teller, einen mit Wasser gefüllten Plastikbeutel oder einen sauberen Stein verwenden. Wichtig ist, dass das Gärgut dicht abgeschlossen ist und zusätzlich beschwert wird. Das Gefäß nun verschließen. Durch den Gummiring am Glasdeckel bzw. den Deckel des Gärtopfes oder das Ventil am Gärglas kann das in den ersten Tagen entstehende Gärgas gut entweichen. Es empfiehlt sich, einen Teller unter das Behältnis zu stellen, falls etwas Flüssigkeit überlaufen sollte.

Das Gärgut muss nun einige Tage bei ca. 20 °C stehen. Direktes Sonnenlicht während des Gärprozesses sollte man vermeiden, da die enthaltenen Vitamine dadurch abgetötet werden. Die Fermentation ist abgeschlossen, wenn keine Bläschen mehr aufsteigen. Nun muss das Fermentierte kühl gestellt werden. Gläser haben den Vorteil, dass man sie in den Kühlschrank stellen kann.

Für den Gärtopf braucht man einen kühlen Platz. Nach etwa 2–6 Wochen ist das Gärgut fertig. Dies sind grobe Richtwerte, die sehr stark vom Produkt, der Umgebungstemperatur und dem eigenen Geschmack abhängen. Prinzipiell gilt: Je kleiner und feiner das Gärgut ist, desto kürzer ist die Gärzeit. Je größer und dicker das Gärgut ist, desto länger ist die Gärzeit.

Nach Abschluss des Gärprozesses muss einmal wöchentlich kontrolliert werden, ob sich Schaum oder ein weißer Belag gebildet hat. Dieser wird dann entfernt und die Abdeckung gereinigt.

TIPP:
Durch das Öffnen eines Gärtopfes kommt immer wieder Sauerstoff hinein. Damit dieser wieder verbraucht wird, stellen Sie ein Teelicht auf einen Teller, platzieren diesen auf dem Beschwerungsring des Gärtopfes und zünden das Licht an. Wenn der Deckel aufgelegt wird, verbrennt das Teelicht den Sauerstoff und geht dann automatisch aus.

Wenn etwas schiefgeht

Sollte sich Schaum auf dem Gärgut bilden, schöpft man ihn ab und entsorgt ihn. Der Rest ist trotzdem essbar. Schmeckt Ihr Gärgut seltsam oder hat sich Schimmel gebildet, dann ist etwas schiefgelaufen. In diesem Fall müssen Sie das Gärgut leider entsorgen.

Lake

Verdunstet die Salzlake im Gefäß, müssen Sie diese nachfüllen. Verwenden Sie dazu eine universelle Salzlake, die Sie aus 14–16 g Salz auf 1 Liter Wasser herstellen, oder die Lake entsprechend des Rezeptes. Es ist wichtig, dass das komplette Gärgut mit der Flüssigkeit bedeckt ist. Sie können auch süßsaure Laken oder Laken mit Tee o. Ä. verwenden. Dies ist jedoch immer rezept- und geschmacksabhängig. Die Wasserrinne am Gärtopf muss immer mit Salzwasser gefüllt sein.

TIPP:
Verfeinern Sie Ihr Fermentiertes mit Gewürzen, Kräutern, Alkoholika oder Obststückchen. Dadurch erhält es ein zusätzliches Aroma.

Salz

Pro Kilogramm Gemüse benötigt man ca. 10–20 g Salz. Je kleiner das Gärgut ist, desto höher kann der Salzgehalt der Lake sein. Jedoch sollten 2 % des gesamten Gemüsegewichtes nicht überschritten werden.

TIPP:
Experimentieren Sie mit verschiedenen Salzen. Je naturbelassener das Salz ist, desto angenehmer wird am Ende der Geschmack.

Sauerkraut

Der Klassiker unter den fermentierten Lebensmitteln ist nicht nur eine Bereicherung für den winterlichen Speiseplan, sondern zusätzlich ein überaus wertvoller Vitamin- und Nährstofflieferant: So enthält Sauerkraut z.B. neben einer großen Menge Vitamin C auch das für die Darmflora so wichtige Vitamin B12.

Sauerkraut *im Glas*

ZUTATEN

(für ein 1-Liter-Fermentierglas)

1 Weißkraut, ca. 1 kg
1 EL Salz
1 Lorbeerblatt
einige Wacholderbeeren
3 Nelken

ZUBEREITUNG

1. Das Kraut waschen und eventuell welke Blätter entfernen. Ein gutes Blatt zur Seite legen. Den Strunk herausschneiden und das Kraut in feine Streifen schneiden. Das geht am besten mit einem Krauthobel.

2. In einer großen Schüssel das Kraut mit dem Salz vermischen, dabei mit den Händen fest kneten. Dann so lange mit einem Stampfer einstampfen, bis Saft entsteht. Die Gewürze untermischen.

3. Etwas Kraut in das saubere Glas füllen und festdrücken. Dies so lange wiederholen, bis das Glas fast voll und mit Saft bedeckt ist.

4. Das zur Seite gelegte Blatt darauflegen, mit einem Stein beschweren und den Deckel aufschrauben. Das Glas 2–4 Wochen an einen ca. 20 °C warmen Ort stellen und gären lassen, bis das Kraut angenehm sauer schmeckt. Dann im Kühlschrank lagern.

TIPP:
Sie können auch ein Glas mit einem normalen Schraubverschluss verwenden. Allerdings müssen Sie dann darauf achten, dass der Deckel nur lose aufgelegt wird.

Sauerkraut *in der Kachel*

ZUTATEN

(für eine 10-Liter-Kachel [Gärtopf])

6 kg Weißkraut
90 g Salz
nach Belieben Wacholderbeeren

TIPP:
Statt mit einem Teller können Sie das Gärgut auch mit einem Krautblatt bedecken. Legen Sie das Beschwerungsgewicht in diesem Fall auf das Krautblatt.

ZUBEREITUNG

1. Das Kraut waschen und eventuell welke Blätter entfernen. Den Strunk herausschneiden und das Kraut in feine Streifen schneiden. Das geht am besten mit einem Krauthobel.

2. Die Krautstreifen und das Salz lagenweise in einen Gärtopf schichten und dabei fest einstampfen. Nach Belieben einige Wacholderbeeren dazugeben. Wenn das Einlegegut komplett eingestampft ist, sollte sich eine Flüssigkeit gebildet haben, die es bedeckt. Wenn dies nicht der Fall ist, muss mit einer Lake aus 15 g Salz pro 1 Liter Wasser nachgegossen werden.

3. Mit einem Teller oder einem sauberen Tuch abdecken und mit einem Stein beschweren. Die Rinne mit Salzwasser füllen. Sobald dieses verdunstet ist, das Wasser nachfüllen. An einem ca. 20 °C warmen Ort 2–4 Wochen gären lassen, bis das Kraut angenehm sauer schmeckt. Danach an einem kühlen Ort lagern.

Rotkohl

Rotkohl oder auch Blaukraut ist reich an Mineralstoffen wie Eisen und Vitamin C. Da er von Mai bis Dezember geerntet wird, ist er fast immer frisch erhältlich. Die Frische erkennt man an den festen und matt glänzenden Blättern.

Rotkohl *im Glas*

ZUTATEN

(für ein 1-Liter-Fermentierglas)
750 g Rotkohl
1 Zwiebel
1 Apfel
1 EL Meersalz

ZUBEREITUNG

1. Den Rotkohl waschen und eventuell welke Blätter entfernen. Ein gutes Blatt zur Seite legen. Den Strunk herausschneiden und den Kohl in feine Streifen schneiden. Das geht am besten mit einem Krauthobel.

2. Die Zwiebel abziehen und in dünne Ringe schneiden. Den Apfel schälen, vom Kerngehäuse befreien und grob raspeln. Die Zwiebelringe mit dem Apfel, den Rotkohlstreifen und dem Salz in einer großen Schüssel vermischen und 1–2 Stunden ziehen lassen.

3. Die Mischung schichtweise in das Glas füllen und immer wieder gut festdrücken, sodass sich oben etwas Flüssigkeit sammelt. Das Glas darf nicht vollständig gefüllt werden. Das zur Seite gelegte Kohlblatt darauflegen und noch etwas beschweren.

4. An einen ca. 20 °C warmen Ort stellen und ca. 1–2 Wochen gären lassen, bis der Kohl angenehm schmeckt. Danach im Kühlschrank lagern.

TIPP:
Wenn die Fermentierung abgeschlossen ist, sollte der Rotkohl im Kühlschrank gelagert werden. Je nach Bedarf können Sie ihn zuvor in kleinere Gläser umfüllen.

Rotkohl *in der Kachel*

ZUTATEN

(für eine 3-Liter-Kachel [Gärtopf])

2 kg Rotkohl
2 helle Zwiebeln
60 g Meersalz

ZUBEREITUNG

1. Den Rotkohl waschen und eventuell welke Blätter entfernen. Ein gutes Blatt zur Seite legen. Den Strunk herausschneiden und den Kohl in feine Streifen schneiden. Das geht am besten mit einem Krauthobel.

2. Die Zwiebeln abziehen und in Ringe schneiden. Die Zwiebelringe mit den Rotkohlstreifen und dem Salz in einer großen Schüssel vermischen und über Nacht ziehen lassen.

3. Den Kohl in den Gärtopf füllen und festdrücken, sodass alles mit der entstandenen Lake bedeckt ist. Zuerst das zur Seite gelegte Kohlblatt und dann den Beschwerungsring darauflegen. Die Rinne mit Salzwasser füllen.

4. Einen Teller mit einem brennenden Teelicht daraufstellen und den Deckel auflegen. An einen ca. 20 °C warmen Ort stellen und 4–6 Wochen gären lassen. Danach an einem kühlen Ort lagern.

TIPP:
Besonders pikant wird der Rotkohl, wenn Sie noch etwas Kümmel, einige Wacholder- und Korianderbeeren hinzugeben.

Den Rotkohl in den Gärtopf geben.

Den Beschwerungsring darauflegen.

Einen Teller mit einem brennenden Teelicht daraufstellen.

Den Deckel auflegen.

TIPP:
Geben Sie beim Einfüllen noch ein wenig kleingehackte Chilischote dazu. Dies verleiht den Karotten eine besonders würzige Note.

Karotten

Karotten haben einen hohen Anteil an Vitamin A und einen vergleichsweise geringen Gehalt an Kohlenhydraten. Fermentierte Karotten halten sich ungeöffnet und kühl gelagert etwa 1 Jahr.

ZUTATEN

(für ein 1-Liter-Fermentierglas)
750 g Karotten
1 Knoblauchzehe
1 Stück Ingwer
1 EL Salz

ZUBEREITUNG

1. Die Karotten waschen, putzen und schälen. Dann in gleich große, längliche Stücke schneiden. Die Knoblauchzehe abziehen und in dünne Scheibchen schneiden. Den Ingwer schälen und ebenfalls in Scheiben schneiden.

2. Die Karotten, den Knoblauch und den Ingwer in das Glas schichten, dabei immer wieder festdrücken. Das Glas nicht vollständig füllen.

3. Das Salz mit 500 ml Wasser mischen und die Lake über die Karotten gießen, sodass sie völlig bedeckt sind.

4. Mit einem sauberen Kohlblatt oder einem kleinen Teller bedecken und mit einem Gewicht beschweren. Das Glas leicht zuschrauben oder ein Bügel- oder Fermentierglas verwenden. Bei ca. 20 °C an einem dunklen Ort 2–4 Wochen gären lassen. Danach müssen die fermentierten Karotten im Kühlschrank gelagert werden.

Rote Bete

Beim Einkauf sollten Sie darauf achten, dass sich die Rote Bete fest anfühlt und dass die Schale unversehrt ist. Je kleiner die Rübe, desto zarter ist sie. Große Rote Bete können holzig sein.

ZUTATEN

(für ein 1-Liter-Fermentierglas)

750 g Rote Bete
1 rote Zwiebel
1 TL frisch geriebener Meerrettich
1 EL Salz

ZUBEREITUNG

1. Die Rote Bete waschen, putzen, schälen und in mundgerechte Stücke schneiden. Die Zwiebel abziehen und klein schneiden.

2. Die Rote Bete und die Zwiebel mit dem Meerrettich mischen und in das Glas schichten, dabei immer wieder festdrücken. Das Glas nicht vollständig füllen.

3. Das Salz mit 500 ml Wasser mischen und so viel Lake über die Rote Bete gießen, bis alles bedeckt ist.

4. Mit einem sauberen Kohlblatt oder einem kleinen Teller bedecken und mit einem Gewicht beschweren. Das Glas leicht zuschrauben oder ein Bügel- oder Fermentierglas verwenden. Bei ca. 20 °C an einem dunklen Ort ca. 2–4 Wochen gären lassen. Danach muss die fermentierte Rote Bete im Kühlschrank gelagert werden.

Register

Genehmigte Lizenzausgabe
EDITION XXL GmbH
Industriestraße 19
64407 Fränkisch-Crumbach 2023
www.edition-xxl.de

Idee und Projektleitung: Sonja Sammüller
Layout, Satz und Umschlaggestaltung:
design cat GmbH

ISBN 978-3-89736-836-1

Bildnachweis
Wir danken folgenden Firmen für ihre freundliche Unterstützung:
Unilever Deutschland GmbH, Hamburg
– Sanella 59
Shutterstock: Abramova Elena 10; AfricaStudio 17; Agnes Kantaruk 31; Alena Brozova 46; Alexey Shmul 5; AlexSmith 7; aliasemma 24; Alieva Liubov 78; Andrew Scherbackov 4, 5, 7, 9, 10, 11, 12, 13, 15, 16, 17, 19, 21, 22, 24, 25, 26, 27, 28, 30, 31, 33, 35, 36, 37, 38, 39, 40, 41, 42, 43, 44, 45, 46, 47, 48, 49, 50, 51, 52, 53, 55, 56, 57, 58, 59, 60, 61, 62, 63, 64, 65, 66 ,67, 69, 70, 71, 72, 73, 74, 75, 76, 78, 79; anitasstudio 42; Anton Starikov 29; Ariadna Nevskaya 37; Arkadiusz Fajer 49; B Brown 60; baibaz 28; Bjoern Wylezich 61, 66; Elena Elisseeva 23, 52; Elisabeth Coelfen 39; encierro 47; Everett Historical 4; Floki 74; Food Via Lenses 71; fotoknips 67; Gow27 42, 43, 44, 45, 46, 47, 48, 49, 50, 51, 52, 53 ,54, 56, 57, 58, 59, 60, 61, 62, 63, 64, 65, 66, 67, 68, 69, 70, 71, 74, 75, 76, 77, 78, 79; GreenArt 43; Halil ibrahim mescioglu 29; HandmadePictures 45; Jenny Sturm 30; Justyna Troc 63; Karl Allgaeuer 75; Ksenija Toyechkina 19; Kyselova Inna 34; Lyudmila Mikhailovskaya 62; Madeleine Steinbach 79; MaraZe 68; marcin jucha 41; marco mayer 21; Maria Medvedeva 27; Marina Lohrbach 7; Melica 19; Nata_Aster 22; Natalia Ruedisueli 11; Nattika 10; Nella 4, 6, 7, 10, 12, 13, 18, 21, 23, 24, 25, 26, 27, 28, 30, 31, 35, 36, 38, 42, 43, 45, 47, 48, 51, 52, 53, 55, 57, 59, 61, 63, 64, 65, 66, 67, 68, 69, 70, 71, 73, 74, 75, 76, 77, 78; October22 76; Oksana_Schmidt 33; Picture Partners 9; pilipphoto 9; Saharosa40 26; Sarah Biesinger 36; Shaiith 50, 65; sherlesi 35; SHUSTIKOVA INESSA 70; Shyntartanya 44; Siegfried Schenk 25; TheFarAwayKingdom 34; Tim UR 27, 44; TYNZA 38; unverdorben jr 17; vkuslandia 15

Alle weiteren Fotos: design cat GmbH

Saisonkalender

Obst und Beeren

	Jan.	Feb.	März	April	Mai	Juni	Juli	Aug.	Sept.	Okt.	Nov.	Dez.
Äpfel								■	■	■	■	
Aprikosen							■	■				
Birnen								■	■	■		
Brombeeren								■	■			
Ebereschen								■	■			
Erdbeeren					■	■	■	■				
Hagebutten							■	■	■	■	■	
Heidelbeeren								■				
Himbeeren						■	■	■				
Holunderbeeren								■	■			
Holunderblüten					■	■	■					
Johannisbeeren, rot						■	■	■				
Johannisbeeren, schwarz							■	■				
Johannisbeeren, weiß						■	■	■				
Mirabellen								■	■			
Pfirsiche							■	■	■			
Pflaumen							■	■	■			
Quitten									■	■	■	
Sauerkirschen							■	■				
Süßkirschen					■	■	■					
Stachelbeeren						■	■	■				
Zwetschgen							■	■	■			

Gemüse und Kräuter

	Jan.	Feb.	März	April	Mai	Juni	Juli	Aug.	Sept.	Okt.	Nov.	Dez.
Bohnen							■	■	■	■		
Erbsen						■	■	■	■	■		
Gurken							■	■	■			
Karotten						■	■	■	■	■	■	
Kürbis										■	■	
Rhabarber			■	■	■	■						
Rotkohl								■	■	■	■	
Rote Bete								■	■	■	■	
Tomaten						■	■	■	■			
Weißkohl							■	■	■	■	■	